U0806688

# 城市轨道交通设计与施工风险分析研究

麻景瑞　郭少侠　朱招庚　曾佳亮　刘　彪
张洁贞　朱勇士　刘晓勇　逯　芳　陈　磊　编著

山东大学出版社
SHANDONG UNIVERSITY PRESS
·济南·

**图书在版编目(CIP)数据**

城市轨道交通设计与施工风险分析研究 / 麻景瑞等编著. -- 济南 : 山东大学出版社, 2024. 7. -- ISBN 978-7-5607-8379-6

Ⅰ. U239.5

中国国家版本馆 CIP 数据核字第 2024ZS3220 号

责任编辑 蒋新政
封面设计 王秋忆

**城市轨道交通设计与施工风险分析研究**

CHENGSHI GUIDAO JIAOTONG SHEJI YU SHIGONG FENGXIAN FENXI YANJIU

出版发行 山东大学出版社
社　　址 山东省济南市山大南路 20 号
邮政编码 250100
发行热线 (0531)88363008
经　　销 新华书店
印　　刷 济南巨丰印刷有限公司
规　　格 720 毫米×1000 毫米 1/16
　　　　 10 印张 169 千字
版　　次 2024 年 7 月第 1 版
印　　次 2024 年 7 月第 1 次印刷
定　　价 68.00 元

# 前 言

随着我国经济的高速发展，开展轨道交通建设的城市越来越多，已完成和正在进行中的轨道交通项目日益增加。截至2023年年底，中国内地（大陆）（不含港、澳、台）共有59个城市拥有城市轨道交通项目，包含运营线路338条，运营线路总长度11224.54公里。其中，地铁运营线路8543.11公里，占比76.11％；其他制式城市轨道交通运营线路2681.43公里，占比23.89％。2023年新增运营线路长度866.65公里。2023年全年共完成建设投资5214.03亿元，在建项目的可研批复投资累计43011.21亿元，在建线路总长5671.65公里。2023年当年，共有5个城市的新一轮城市轨道交通建设规划或建设规划调整方案获批，获批项目中涉及新增线路长度约550公里，新增计划投资额约4500亿元。

以地下线为主的轨道交通工程是一项复杂、高风险的系统工程。由于水文地质和工程地质变化多样，轨道交通工程在施工过程中带有较大的不确定性，属于高风险工程。随着工程数量的激增，工程风险事件也相应增加。据不完全统计，中国大陆地区自20世纪90年代开始发展轨道交通以来，发生过多起勘察、设计、施工安全风险事件。李玉章在2014年出版的《地铁施工事故与预防对策》一书中列举了国内70起轨道交通工程风险事件，对风险事件进行了分类和分析总结；罗凤霞、史海欧等人在2015年出版的《地铁结构安全保护典型事故案例分析》一书中从地铁结构安全保护的角度出发，列举了9起工程事故；竺维彬、鞠世健在2009年出版的《地铁盾构施工风险源及典型事故的研究》一书中从盾构区间施工风险源方面列举了74起风险事件案例。以上事件案例充分说明轨道交通工程参建各方应加强对工程风险的认识，提高安全意识并采取适当的风险防范措施。前事不忘，后事之师，把全国范围内的轨道交通工程勘察、设计、施工风险事件汇编成册，从勘察、设计、施工等角度予以深刻而细致地分析，探讨有效的预防对策是十分必要的。

随着时代的发展和科技的进步，轨道交通工程的设计理念、施工方法、施工机械、外部条件等都发生了一定的变化。本书总结了近20年来我国各城市轨道交通设计、施工方面常见风险源，所列案例中包括深基坑、盾构区间、矿山法区间、联络通道等结构。从建设管理、设计、施工、监理、监测等环节对不良地质、周边复杂环境、连续降雨、施工机械故障、设计方案不合理、施工质量缺陷等问题进行分析总结，提出有效的防范措施，旨在最大程度地避免类似工程风险重复发生。希望本书能为轨道交通工程从业人员提供帮助，为轨道交通工程的风险管控提供有力支撑。

本书中列举的部分案例的相关资料未曾公开发表，笔者主要依据地铁建设管理、设计、施工、监理、监测等各参建单位提供的素材及从各城市质检部门官方网站收集的相关素材编著而成，在此对提供素材的相关人员表达诚挚的感谢！在有些案例中，笔者未能参与应急抢险工作，是结合各参建单位和本书编写人员的经验总结出的相关意见和建议。由于水平有限，书中不妥之处在所难免，敬请读者批评指正。

作　者

2024年4月

# 目　录

# 第1章 概 述

截至2023年年底，中国内地（大陆）（不含港、澳、台）共有59个城市开通城市轨道交通运营线路338条，运营线路总长度达11224.54公里。从2023年年底累计运营线网规模看，共计29个城市的线网规模达到100公里及以上。其中，上海967.13公里，北京907.08公里，两市运营规模在全国遥遥领先，已逐步形成超大线网规模；成都、广州、深圳、武汉、重庆、杭州6市运营线路长度超过500公里；南京超过400公里；郑州、西安、青岛、天津、苏州5市超过300公里；沈阳、大连、长沙3市超过200公里；合肥、宁波、昆明、福州、长春、南昌、南宁、贵阳、温州、佛山、无锡、哈尔滨12市超过100公里。据不完全统计，2023年按累计线路敷设方式来分，地下线有7769.99公里。

截至2023年年底，中国内地（大陆）共有45个城市（个别由地方政府批复的项目未纳入统计）有城市轨道交通项目在建，在建线路总规模达5671.65公里（含个别2023年当年仍有建设投资发生的已运营项目和2023年当年建成投运项目）。从在建线路的条数来看，2023年在建城市轨道交通线路共计224条。共有29个城市的在建线路条数在3条及以上，其中，23个城市的在建线路条数为5条及以上，7个城市的在建线路达10条及以上。从在建线路的车站规模来看，据不完全统计，全国在建线路车站总数共计3313座（按线路累计计算），其中换乘站1112座（按线路累计计算），占比33.56%。

从在建线路的规模来看，共有23个城市的在建城市轨道交通线路长度超过100公里。其中，青岛、广州两市建设规模均超过300公里，成都、北京、杭州、宁波、苏州、南京、济南、上海、重庆、郑州10个城市建设规模均在200公里以上，建设规模在150～200公里的有天津、武汉、沈阳、合肥4个城市，建设规模超过100公里的还有厦门、石家庄、深圳、西安、长春、无锡、福州7个城市。从在建线路的敷设方式来看，在5671.65公里的在建城市轨道交通线路中，地下线4617.31公里，占比81.41%；地面线297.21公里，占比5.24%；高架线757.13公里，占比13.35%。

据不完全统计（不含部分地方政府批复项目和个别数据填报不完整的项目的资金情况），截至2023年年底，中国内地（大陆）在建城市轨道交通线路可研批复投资累计43011.21亿元，初设批复投资累计38415.86亿元。2023年当年共完成城市轨道交通建设投资5214.03亿元，共有11个城市全年完成建设投资超过200亿元，11市完成建设投资合计3026.33亿元，占全国完成建设投资总额的58.04%。其中杭州市全年完成建设投资超过450亿元，成都市全年完成建设投资超过350亿元，济南、北京、武汉、广州、天津、重庆、宁波、青岛、苏州9市全年完成建设投资均超过200亿元。另有南京、郑州、西安、上海4市全年完成建设投资额在150亿元以上，合肥、深圳、长春、沈阳、长沙、福州6市全年完成建设投资均超过100亿元。①

根据以上数据，可以看到我国城市轨道交通项目建设规模和投资额均巨大，因此一旦发生风险事故，将会给相关人员造成人身安全伤害，同时也会造成巨大的经济损失。根据《企业职工伤亡事故分类》(GB 6441—1986)，事故类别主要有20种，具体为物体打击、车辆伤害、机械伤害、起重伤害、触电、淹溺、灼烫、火灾、高处坠落、坍塌、冒顶片帮、透水、放炮、火药爆炸、瓦斯爆炸、锅炉爆炸、容器爆炸、其他爆炸、中毒和窒息、其他伤害。笔者针对近百起轨道交通设计与施工风险事件进行了分类统计，得到城市轨道交通风险类型主要为坍塌、透水、物体打击、火灾、中毒、爆炸、高空坠物、起重伤害、机械伤害、触电等，各类风险事件数量统计如表1.1所示。

① 本章及前言中所列有关中国城市轨道交通建设情况的数据引自中国城市轨道交通协会发布的《城市轨道交通2023年度统计和分析报告》。

表 1.1 各类风险事件数量统计表

| 风险类型 | 风险事件数量 | 比例 | 风险类型 | 风险事件数量 | 比例 |
|---|---|---|---|---|---|
| 坍塌 | 50 | 54.95% | 爆炸 | 3 | 3.30% |
| 透水 | 11 | 12.09% | 高处坠落 | 3 | 3.30% |
| 物体打击 | 10 | 10.99% | 起重伤害 | 3 | 3.30% |
| 火灾 | 4 | 4.40% | 机械伤害 | 2 | 2.20% |
| 中毒和窒息 | 4 | 4.40% | 触电 | 1 | 1.10% |

研究表明，施工现场主要风险类型是坍塌，占风险事件总数的 54.95%，累计造成伤亡人数最多。其次为透水，占风险事件总数的 12.09%，透水风险事件未直接造成人员伤亡，但在很多情况下，一次风险事件中会出现多种风险类型，通常会由原生安全事故诱导一系列次生安全事故，如由透水引起的坍塌。

# 第2章　轨道交通风险源识别

通过风险评估对风险源进行识别，其主要目的是：①掌握工程风险源，对设计阶段的风险进行识别及对控制措施进行复核；②提高风险认知深度，让各参建单位对勘测、设计、环境调查资料有系统的再认识过程；③提供方案制定依据，对工程所涉及风险源进行系统的辨识与分析，为各类施工专项方案、应急预案提供针对性预控措施建议；④提高风险管理水平，将各参建单位纳入风险管理体系，形成必要的风险管理信息化体系，从而提高总体管理水平；⑤加强对工程总体情况的掌握程度，将各风险要素分析提炼，从工程总体角度罗列风险控制清单，全面掌握施工风险控制决策。

风险管理的主要手段有：①施工准备期进行静态风险评估，根据静态风险评估成果，落实对重大风险源的处置方案、监控方案、应急预案；②施工过程中进行动态风险管控，通过在施工过程中动态巡查与管控，实时了解现场工程状况，发现隐患情况，及时调整风险管控的总体策略，落实预警处置，强化应急能力。

## 2.1　轨道交通车站风险源识别

随着城市化进程的不断推进，城市用地稀缺，地下空间开发得越来越充分，轨道交通工程就是地下空间利用的重要途径。随着轨道交通工程的快速建设，超宽深大基坑出现，其主要特点为地质条件复杂、投资大、风险高，如何科学地进行风险防控已成为工程建设中的主要难题与挑战。建设轨道交通基坑时的典型风险可分为失稳坍塌、沉降、渗漏、隆起、突涌等，以下为几种具体风险类型的介绍。

地下连续墙渗漏水风险，发生该现象的主要原因有：①浇筑混凝土时出现离析现象或者有空腔；②槽壁坍塌，墙体夹泥，墙体上形成薄弱、易破损区域；③槽段接头错动，相邻槽连接前未清除泥渣；④接头形式选择不当；⑤锁口管平移或者倾斜使邻接槽段连接不紧密；⑥施工过程中接驳器位置发生错动。主要控制措施有：①选择刚性接头；②接缝迎土面采用旋喷桩止水；③加强成槽质量控制，避免槽壁坍塌；④注重刷壁和清孔质量，接头处要用钢丝刷或刮泥器将泥皮、泥渣清理干净；⑤混凝土浇筑导管安放准确、牢固，且下放前要刷洗彻底；⑥通过掺入外加剂来提高围护桩/墙体抗变形能力，防止围护桩/墙体变形后因过早开裂而渗水。

地下连续墙变形和周边地表沉降过大，导致邻近建（构）筑物和管线的变形超出限值，发生该现象的主要原因有：①坑外超载或者挖土机械破坏围护结构；②施工工序有误，导致超挖、支撑架设不及时；③基坑外注浆、打桩、偏压造成不对称变形等；④漏水、灌水导致支护变形移位。主要控制措施有：①分层分段开挖，严禁超挖，严格按照“空间效应原理”控制每次开挖土方，及时架设支撑并预加轴力；②严格按照设计要求的顺序施工，合理确定拆撑顺序；③防止漏水、渗水现象的发生，地下连续墙有渗水要及时处理；④重视信息化施工，以监测数据来指导施工。

承压水施工风险，产生这种风险的主要原因有：①止水帷幕施工质量不良，地下水击穿止水帷幕；②降水井数量、布置方式等降水方案不当；③基坑外注浆、打桩、偏压造成不对称变形等；④漏水、灌水导致支护变形移位。主要控制措施有：①按需降水，根据施工进度调整降水方案，使降水量满足基坑安全要求即可；②保证围护结构或止水帷幕施工质量，设置备用井，在应急回灌过程中使用；③加强信息化施工，加强对周围环境的监测。

另外，还有几种常见的风险类型：①设计人员在应对软土地区或邻近水塘、河流、湖泊等较差地质时风险意识不足，进行设计时未充分考虑富水软土地层侧压力系数较大的问题，从而导致坍塌事故发生；②基坑周边存在老旧的雨水管、污水管，可能存在缓慢渗漏现象，基坑开挖过程中扰动老旧的雨水管、污水管，导致渗漏水掏空基坑周边地层，从而引发围护桩变形、支撑脱落等风险事件；③悬吊管线下方围护结构支护不足，持续性降雨叠加不良地质，雨水管、污水管渗漏，地面超载过大，支撑架设不及时等因素可能导致基坑变形过大甚至坍塌。

## 2.2 轨道交通区间隧道风险源识别

盾构法具有振动小、噪声低、施工速度快、安全可靠、对沿线居民生活以及地下和地上建(构)筑物影响小等优点，在全国轨道交通区间施工中得到广泛应用。但由于盾构法施工为地下作业，同时也存在施工难度大、风险高等问题，因此是否做好风险控制是工程成败的关键，必须采取相应的措施来保证施工安全。

从地质的角度分析，富水地层(如砂土层、淤泥质软土层等)是引发盾构风险事件的主要外因。其中，砂土层天然含水量高、天然孔隙比大、渗透系数大，作为承压水层时，易与江河贯通，其性质与水关系密切，降水效果好。砂土层主要出现在河流的冲积平原，是砂土、砂卵石土、粉土、粉细砂土体的简称，在我国分布广泛。淤泥质软土层天然含水量高、天然孔隙比大、渗透系数小、压缩性高、强度低，可呈灵敏性结构，一经扰动，强度明显降低，在长达数年的时间内存在固结和次固结沉降。淤泥质软土层主要出现在沿江、沿海地带及平原低地、内湖沼泽地区，在高原山区的谷地也有软土分布。富水地层盾构施工主要风险来源如表 2.1 所示，盾构施工主要风险来源如表 2.2 所示。

**表 2.1　富水地层盾构施工主要风险来源**

| 类别 | 风险来源 |
| --- | --- |
| 人的不安全行为 | 施工管理人员的执业水平 |
| | 施工操作人员的技能 |
| | 参建人员对水文地质条件的认识 |
| | 施工组织架构及分工 |
| | 施工设计与工程措施 |
| | 加固等工程质量控制 |
| | 掘进、吊装、运输等操作行为的管理 |
| | 人员到岗率 |

续表

| 类别 | 风险来源 |
| --- | --- |
| 物的不安定状态 | 盾构机及其配件的适应性 |
| | 各类材料、物品的质量，包括反力架、套筒等 |
| | 盾构机设备保养能力和质量 |
| | 吊车、电瓶车等设备的状态 |
| | 应急物资、注浆设备、抽水设备的准备 |
| | 监测系统、监控系统的有效性 |

**表 2.2　盾构施工主要风险来源**

| 工作阶段或工作环境 | 风险来源 | 具体表现 |
| --- | --- | --- |
| 盾构选型 | 盾构选型不当 | 盾构选型与地质不符；盾构机与管片结构间的空隙率偏大，盾尾刷密封较差等 |
| 始发或接收 | 反力架安装 | 反力架安装不牢导致反力架与始发托架变形、始发姿态难以控制、负环管片松弛等问题 |
| | 端头区加固 | 盾构加固方案不合理或加固质量不满足设计要求：①沿盾体形成渗水通道；②为避免帘幕穿透不进行注浆填充；③渗漏水管片接缝难以承受变形 |
| | 地下连续墙凿除 | 由于端头区加固不满足要求导致地下连续墙凿除过程中坍塌、涌水涌泥 |
| | 盾构始发洞门泄漏、垮塌 | 盾构基座变形、后靠变形，围护结构与加固体之间形成渗水通道，加固土体结构破坏、强度丧失，洞口坍塌，洞门止水措施失效 |
| | 盾构接收洞门泄漏、垮塌或套筒拆除 | 土体位移或坍塌，拆除封门时出现涌土流砂，洞门注浆加固失效，围护结构与加固体之间形成渗水通道，套筒拆除时涌水涌泥，卷帘板安装不贴合、不牢固 |

续表

| 工作阶段或工作环境 | 风险来源 | 具体表现 |
| --- | --- | --- |
| 盾构掘进 | 螺旋机喷发与盾构尾刷泄漏 | 螺旋机土塞作用丧失，机门失效；管片上浮，尾刷击穿 |
| | 掘进参数 | 盾构掘进参数控制不当，导致地层变形或轴线偏移 |
| | 操控掘进与日常维护保养 | 日常盾构维护保养不到位导致设备故障，如造成长时间停机或同步注浆设备故障，进而引起地面沉降；盾构工程师误操作导致机械故障 |
| | 市政管线破损 | 掘进过程中遇到市政管线破损，导致有害气体泄漏、人员伤亡、爆炸、水淹等 |
| | 刀盘与刀具 | 换刀风险 |
| | 管片安装 | 拼装前管片及防水密封条验收检查不到位、拼装作业不规范导致管片拼装错台、破损、管片渗漏水等，拼装整圆器失效 |
| | 土方超挖 | 推进行程与理论出土量不匹配，发现超挖必须进行二次补充；超挖引起的长距离地层补偿，具有隐蔽性，危害大 |
| | 盾构姿态控制 | 盾构姿态控制不当引起隧道偏移 |
| | 隧道位移 | 软土地层盾构隧道易沉降，岩质地层盾构隧道易上浮 |
| | 停机 | 开仓过程发生涌水涌泥，盾构机卡机等 |
| | 开仓作业 | 压力控制不当，掌子面失稳；作业时间过长，作业人员晕厥 |
| 运输及盾构吊装 | 盾构组装、解体和站外过站，运输 | 电瓶车运输风险事件（溜车脱轨）、大型设备吊装时高空坠落、设备故障等 |

续表

| 工作阶段或工作环境 | 风险来源 | 具体表现 |
|---|---|---|
| 联络通道 | 矿山法施工 | 地层加固效果欠佳导致塌方 |
| | 冻结法施工 | 冷冻失效导致涌水涌泥、塌方 |
| | 机械法施工 | 机械选型不合理、机械故障、始发接收套筒密封性不佳 |
| 周边环境 | 周边建(构)筑物变形、地面沉降 | 盾构掘进参数控制不当,姿态偏移,成型隧道轴线偏离;同步注浆不当,地面沉降;出土失控,掌子面出现险情;不明管线及地下障碍物未探明;障碍物未清理完全;建(构)筑物调查不清、保护措施不力;地质条件及河床状况调查不清;河床堤坝开裂坍塌,河底冒浆;河水倒灌等 |

# 第3章　轨道交通深基坑风险分析

## 3.1　轨道交通深基坑特点

深基坑工程是一门风险性高的系统性工程，涉及多学科的知识，包括土力学、基础工程、混凝土结构、钢结构、工程测量、工程检测等。深基坑工程首先要考虑安全，包括围护结构自身的安全、一级周围环境（既有建筑物、构筑物、道路、地下管线等）的安全。近年来，出现了基坑工程事故，既影响了建设进度，又造成了严重的经济损失和不良的社会影响，深基坑工程的安全问题已引起了各方的高度关注。

轨道交通深基坑工程的特点为：

(1)深基坑工程虽为临时工程，但周期较长，一般会跨越不同季节，面临连续降雨、暴雪、振动、地面超载等风险。

(2)深基坑工程深度深、面积大、造价高。

(3)深基坑工程的工程地质和水文地质条件复杂。深基坑的土层构造、性质、地下水埋深、承压性情况等在不同位置与深度处不尽相同，有时甚至差异巨大。

(4)深基坑工程周围环境复杂，施工条件差。基坑周围环境条件复杂多变，既有建（构）筑物抗干扰性较差，这会给围护结构施工带来诸多限制或不利因素，如场地狭窄、噪声限制、振动限制、施工时间限制等，在设计及选择施工方案时均需加以考虑。

(5)深基坑工程具有空间效应。空间效应指深基坑开挖的空间几何尺寸和暴露时间与围护结构变形和坑周地层位移之间的相关性。在深基坑施工中,控制变形往往是设计与施工的重点。设计方必须考虑围护结构在不同施工阶段、不同工况下的内力与变形,施工方应严格遵守设计方制定的施工步序。

(6)深基坑工程风险事件后果严重。深基坑工程理论发展尚不完善、技术复杂、变化因素多、涉及范围广、对周围环境影响大,一旦发生风险事件,后果严重,处理困难,往往造成基坑破坏、人员伤亡、周围房屋受损甚至倒塌、地下管线断裂等不良后果,既延误工期、引起较大的经济损失,又造成不良的社会影响。

## 3.2 风险分类

为避免深基坑工程风险事件的发生,从深基坑工程风险事件中吸取经验教训,分析发生风险事件的原因是最好的方法,正所谓"前事不忘,后事之师"。通过研究既往实践经验教训,结合科学研究和更多成功的工程经验,对深基坑工程存在的问题进行探讨,以期能进一步提高认识,促进技术发展。目前,深基坑工程风险事件发生的原因主要有以下几种。

(1)勘察数据失真。深基坑所在位置处的工程地质和水文地质条件是确定支护方法、地下结构施工方法、地下水处理方法等的重要依据。勘察资料不全面、参数不足或参数不准确势必对围护结构方案的正确选择和计算的准确性造成影响,给工程安全留下隐患。

①土层参数失真,内摩擦角 $\varphi$ 和内聚力 $c$ 取值错误,致使设计计算结果不准确,埋下风险隐患。

②内摩擦角 $\varphi$ 和内聚力 $c$ 因水(渗水、降雨)的存在而减小。很多基坑风险事件发生在连续降雨后,渗水、降雨等使土的含水量增加,内摩擦角 $\varphi$ 和内聚力 $c$ 下降。如 $\varphi$ 原为 26°,事件发生后取样,$\varphi$ 变为 16.28°。

③对于软土基坑,缺少坑底或围护桩设计深度处的土体压缩模量、回弹模量、不排水抗剪强度等。

④勘探孔位距离基坑及其侧壁过远或勘探孔间距过大。

⑤勘察过程中,忽略基坑下面一定深度处土层的参数,而此参数是围护结构设计所必需的。

⑥对地下各层含水层的地下水(上层滞水、潜水、承压水)描述不够翔实,一般情况下只有地下水位和地下水渗透系数。

⑦地下水位、地下水渗透系数不准确。地下水位不准确,则在进行止水帷幕设计时可能产生误差;渗透系数则会对降水设计产生较大影响,如有些地区某些土层竖向渗透系数和水平渗透系数差异较大,但勘察报告往往仅给出一个渗透系数。

(2)设计失误。在深基坑风险事件中,由于设计方案不合理而造成风险事件的比例并不小。随着建设工程规模激增,设计人员经验不足、方案选择不合理、计算错误等因素造成了各种失误,埋下了各类隐患。

①在未经验算与技术论证的情况下,盲目套用相似或相近工程的支护方案。

②选择不合适的支护方案。如在地下水丰富的土层里,止水帷幕选择不当或强度不足;在淤泥质土层、砂层中采用土层锚杆、土钉墙等,使围护结构产生过大变形。

③仅考虑围护结构满足承载力(强度)要求,忽视变形过大对围护结构及其周边环境的不利影响。如在软土地区采用悬臂长度过大的围护桩墙,使围护桩变形过大;在对周围环境保护要求严格的工程中,选择放坡开挖、悬臂式围护桩墙、土钉墙、拉锚板桩等变形较大的围护形式。

④设计时,为了节约造价,过度折减主动土压力,使围护结构抗力不足。

⑤围护结构上的超载取值不当。地面超载取值不当,如漏算或少算地面荷载,使围护桩承受的主动土压力大于计算值。

⑥地下水处理方案不当。如软土地区未设置止水帷幕;止水帷幕长度不足,发生涌水;坑内集水坑距离围护桩过近,使围护桩嵌固深度不足;坑内外水位差较大,冲溃坑底承压土层,造成涌水涌砂。

⑦计算错误。围护桩安全系数过低,未进行抗隆起、整体稳定性验算,内支撑设计失误,内支撑布置方式不合理(如第一道支撑位置过低,致围护桩顶部变形过大;内支撑水平间距过大,导致承载宽度内的压力超过支撑杆件承载能力;未验算支撑稳定性,导致支撑发生压弯屈服;大阳角处支撑布置不合理等),支撑的临时立柱设计不合理(如临时立柱桩长不足、间距过大、节点构造不牢固等)。

⑧变更方案考虑不够全面，埋下安全隐患。

(3)施工失误。

①施工方未按图施工，未理解设计意图。

②止水帷幕不连续，围护桩施工质量差(混凝土强度不足、颈缩、断桩)，地下连续墙施工质量差，锚杆或土钉长度不足、倾角不对，内支撑位置错位、受力后杆件弯曲，钢支撑焊接质量差，混凝土支撑的混凝土质量差，斜撑与围檩接触不密实，围檩与围护结构接触不密实。

③施工程序、工艺等错误。支撑架设滞后，挖土机械、载重汽车在坑边作业导致超载过大，挖土机械随意碰撞围护结构(围护桩、内支撑、锚杆、立柱桩等)，基坑底暴露时间过长，支撑拆除与结构板施工工序错误。

④抢挖、超挖、一挖到底。

⑤擅自更改设计方案或施工顺序。

(4)监测失误。无监测，监测内容过少，对监测数据分析不及时或不准确，报警不及时。

## 3.3 典型风险案例分析

### 3.3.1 风险因素一：悬吊管线下方围护结构支护不足

城市轨道交通工程中市政管线种类众多，情况复杂。在实际施工过程中，往往存在迁改难度巨大的管线。针对无法迁改的管线往往采取原位悬吊保护的措施，但该方法会导致管线正下方的围护结构无法施工。采用倒挂井壁格栅连接围护结构时，往往由于现场施工人员麻痹大意，未能有效将格栅与周边围护桩连接，使管线下方地层裸露，安全隐患极大。正常天气情况下，土体尚能自稳，但遇连续降雨就会引发重大事故。

**案例1** 悬吊管线下方支护不足

某市停车场出入线段沿市政道路A敷设，出入线段二期基坑位于市政道路A与B路相交路口西侧，基坑开挖范围内存在多条市政管线。出入线段平面位置图如图3.1所示。

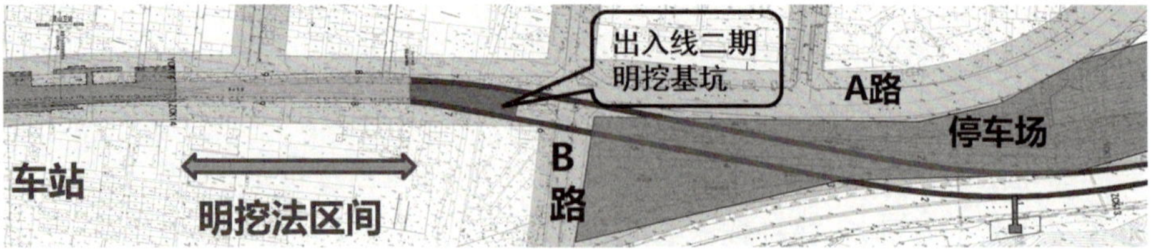


图 3.1　出入线段平面位置图

地层自上而下依次为素填土、淤泥质粉质黏土层、粉质黏土层、含黏性土层、砾砂层、中风化凝灰岩，出入线主体主要穿越淤泥质粉质黏土层、粉质黏土层、含黏性土层、砾砂层。本场地地下水类型主要为第四系孔隙潜水和基岩裂隙水。

出入线段二期基坑采用明挖法施工，基坑采用钻孔灌注桩＋内支撑支护形式。出入线段二期基坑西侧三根临近管线(2 根 DN600 热力管及 1 根 DN110 燃气管)无法迁改，采用跨基坑悬吊保护方案。基坑无法打设钻孔灌注桩，采用“格栅＋土钉＋锚喷”支护形式对未打桩区域加固。从冠梁以下到中风化岩面范围的桩间土体，设置横向格栅(250 mm 型号，主筋直径 22 mm)，竖向间距 750 mm，与两侧围护桩有效连接。在格栅中设置直径 20 mm 的纵向连接筋，间距 0.5 m，内外交错设置；设置竖向间距 750 mm、横向间距 1 m 的土钉，土钉长 5 m，插入角度 15°～20°，并注浆与土层有效黏结。格栅迎土侧设置单层钢筋网(直径 8 mm，间距 200 mm×200 mm)。采用 C25 喷射混凝土封闭，与围护桩喷射混凝土平齐。岩层破碎段打设直径 25 mm 中空注浆锚杆支护，间距 1 m×1 m，挂网喷混凝土。倒挂井壁工法示意图如图 3.2 所示，现场图片如图 3.3 所示。

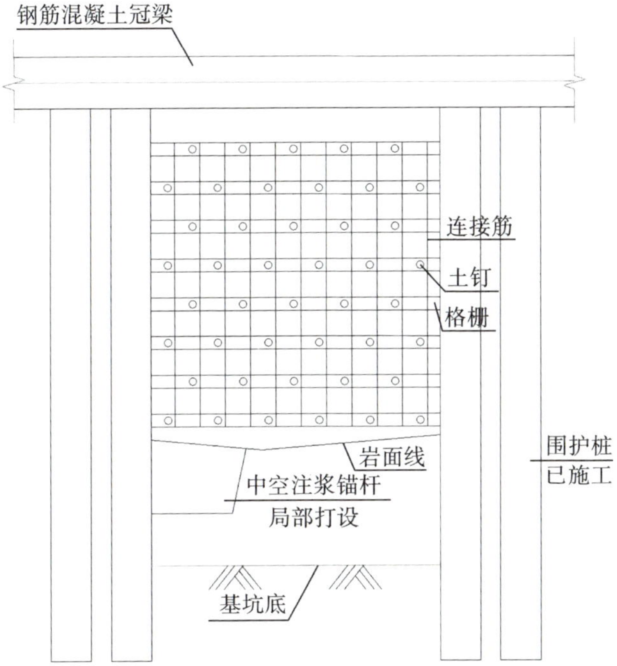


图 3.2 倒挂井壁工法示意图

图 3.3 现场图片

2017 年 7 月底，设计人员在巡检过程中发现现场存在超挖现象，基坑已挖至基底，但仍未架设第二道支撑，经多次沟通无效后，设计人员于 8 月 4 日联席会上汇报巡检问题时提出现场未按图施工的问题。8 月 16 日，现场发生险情；8 月 17 日中午，设计人员获知险情情况并赶至现场进行抢险配合，此时现场基坑仍未设置第二道支撑。

原因分析：

(1)连续降雨导致土层含水量大，水土压力增加。

(2)施工人员风险意识淡薄，未及时架设第二道支撑，违反了设计图纸施工步序相关要求。

(3)在基坑围护结构调整方案制定过程中，设计人员对现场情况了解不详细，未认识到该站点工程的风险程度，导致支护方案不完善，设计方案不够精细。

(4)设计人员现场巡检过程中，未及时上报发现的问题，风险意识不足。

总结：

(1)参建各方应加强风险意识，尤其是对于进行特殊设计的地方，应格外重视。

(2)施工方应严格按图施工，设计方在巡检过程中应及时反馈所发现的问题，直至问题得以解决。

(3)在明挖基坑中慎用倒挂井壁工法，确有必要使用时亦应确保格栅与既有围护结构连接牢固，并充分考虑雨季地下水位暴涨等不利工况。

### 3.3.2 风险因素二：支撑架设滞后及地下连续墙堵漏注浆导致基坑变形

**案例 2** 支撑架设滞后

某地铁车站位于十字路口，为 4 号线与 9 号线换乘站，其中 4 号线车站为地下二层岛式车站。车站西北侧为 8 层的商务酒店，东北侧为医院，东南侧为公交公司和儿童医院，西南侧为写字楼。车站总平面图如图 3.4 所示。

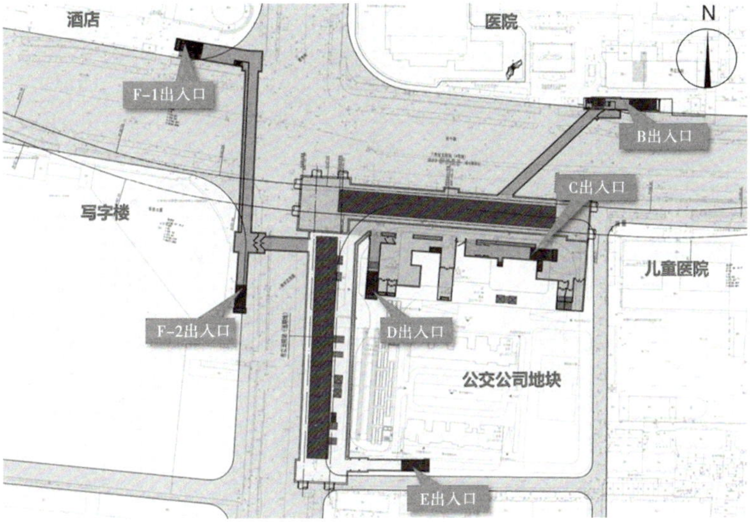


图 3.4 车站总平面图

2023 年 11 月 19 日，车站墙体深层水平位移(ZQT12)日变化速率最大为 7.31 mm/d(11 m 处，速率控制值 2 mm/d)，累计变化最大为 7.31 mm(11 m 处，累计控制值 40 mm)，日变化速率超出控制值，达到橙色预警状态。2023 年 11 月 23 日，墙体深层水平位移(ZQT12)日变化速率最大为11.73 mm/d(13.5 m 处)，累计变化最大为 22.49 mm(12.5 m 处)。2023 年 11 月 24 日，墙体深层水平位移(ZQT12)日变化速率最大为 7.07 mm/d(12 m 处)，累计变化最大为 29.48 mm(12 m 处)。2023 年 11 月 27 日，墙体深层水平位移(ZQT12)日变化速率最大为16.6 mm/d(13.5 m 处，速率控制值 2 mm/d)，累计变化最大为 46.74 mm (13 m 处，累计控制值 40 mm)，日变化速率、累计变化量均超出控制值，达到红色预警状态。预警点位布置图、钢支撑卸力现场附加轴力图、整改前钢围檩间隙图、整改后钢围檩间隙图分别如图 3.5～图 3.8 所示。

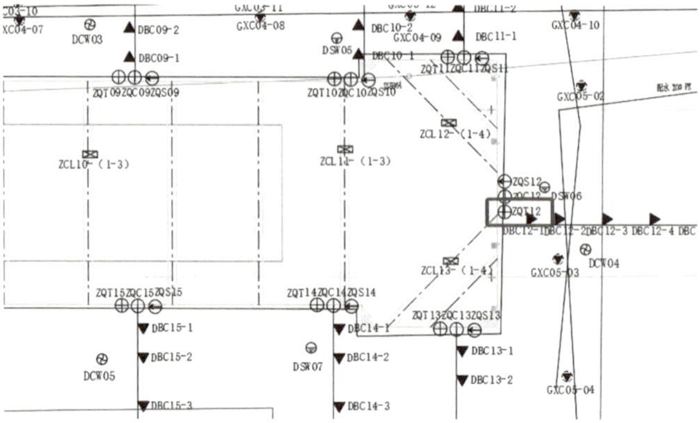


图 3.5　预警点位布置图

图 3.6　钢支撑卸力现场附加轴力图

图 3.7　整改前钢围檩间隙图

图 3.8 整改后钢围檩间隙图

原因分析：

(1)2023 年 11 月 19 日，在开挖至 13 m 处时，第三道支撑处支撑架设有所滞后，未能及时对地下连续墙产生有效支撑，导致地下连续墙变形过大。

(2)2023 年 11 月 23 日，发现第三道支撑有卸力情况，在给 ZCL12-3 钢支撑预加轴力过程中轴力计挤压挂板，挂板形变，导致此根支撑不能再提供有效支撑，造成地下连续墙连续两天变形过大。

(3)2023 年 11 月 27 日，地下连续墙渗水，在堵漏注浆后，导致地下连续墙变形过大(渗水注浆点位于测斜管正侧方)，且最后一道钢围檩有滑移情况发生。

整改措施：

(1)2023 年 11 月 19 日，橙色预警发出后，参建单位即刻组织橙色预警分析会，现场立即停工并架设钢支撑，同时持续加密监测基坑观测点。钢支撑架设完成后，11 月 20 日—22 日监测数据稳定。

(2)2023 年 11 月 23 日，因挂板变形导致轴力损失，地下连续墙变形。现场对所有未加装轴力计的钢支撑进行预加轴力，并且对挂板变形的钢支撑进行修补，轴力于 11 月 24 日回至正常。11 月 25 日—26 日监测数据稳定。

(3)2023 年 11 月 27 日，红色预警发出后，参建单位即刻组织了现场红色预警分析会，停止基坑内外注浆，检查所有钢围檩是否存在间隙并填充，扩大加密监测的范围与频率，复核钢支撑轴力，暂停土方开挖作业，持续观察监测数据，变形得到稳定控制后上报建设、监理单位，再行施工。

(4)确定数据稳定后马上施作垫层和底板，尽早封闭基坑。

### 3.3.3 风险因素三：小基坑疏于管理导致坍塌

城市轨道交通工程明挖车站往往存在小基坑，如埋深较大的冠梁基坑、盖挖法的盖板基坑、破除地下既有管线和构筑物的基坑等。这些小基坑往往深度不大，容易被设计、施工、监测各方轻视，但风险的发生常起因于大意，小基坑亦会造成重大风险事件。

**案例 3** 盖板小基坑

某市 3 号线二期工程区间盖挖基坑设计深度为 3.7 m，南北两侧采用 9 m 长拉森钢板桩悬臂支护，钢板桩嵌固深度 5.3 m。盖板下翻纵梁深度 4.5 m，垫层厚 200 mm，纵梁处钢板桩嵌固深度 4.3 m。

施工方在土方开挖过程中，发现基坑南侧路面有轻微渗水，但并未重视，而是继续土方开挖。2023 年 5 月 1 日，开挖至盖板基坑底时，遇连续降雨，路面渗水量逐渐增大，钢板桩发生向基坑内侧水平变形，最大变形 62 mm，施工方在钢板桩上布置变形监测点，并持续进行变形监测。5 月 5 日，钢板桩变形量达 430 mm，钢板桩外侧地表沉降约 500 mm，并发现基坑南侧路下出现空腔，高度约 0.5 m、深度约 1.5 m，施工方将变形最大的 10 根 9 m 长钢板桩替换为 12 m 长钢板桩，替换过程为从中间向两侧拔一根打一根。钢板桩替换完成后，发现钢板桩南侧道路出现塌陷，持续有渗水。施工方对路面塌陷位置进行混凝土浇筑，开始查找渗水源头。

同时，施工方邀请专家对该项目基坑南侧钢板桩水平位移及坡顶道路沉降问题进行了分析，专家及各参建单位代表踏勘了现场，经咨询讨论形成如下意见：钢板桩水平位移及坡顶道路沉降是由雨水管道渗漏致水土流失造成的。钢板桩变形图以及地表沉降图如图 3.9～图 3.11 所示。

图 3.9 钢板桩变形图(一)

图 3.10 钢板桩变形图(二)

图 3.11　地表沉降图

后续经设计方核实，施工方将整个盖挖基坑开挖至下翻梁底位置，并将200 mm厚垫层擅自调整为500 mm，导致基坑深度由设计的3.7 m变为实际深度4.8 m，设计计算的5.3 m钢板桩嵌固深度实际变为4.2 m。

风险处理措施：

(1)首先对雨水管进行源头封堵处理，防止进一步渗漏而继续掏空地层。

(2)由设计单位出具加固处理方案，综合考虑周边环境条件及雨季后施工，先进行坑内堆载反压，再架设斜抛撑来控制钢板桩变形。

(3)进行土体路下空腔注浆填充。

(4)立刻浇筑垫层，封闭基坑。

总结：许多施工方在主体结构施工过程中科学严谨，却对附属结构疏于管理，甚至项目负责人和主要技术负责人在主体结构施工完成后便去承接其他重点工程。施工方应充分认识施工的高风险性，杜绝侥幸心理，认真落实企业安全生产的主体责任，切实履行安全生产的法定职责义务；在重视重大风险源的同时不能放松对一般风险源的管理。

**案例 4**　管线迁改小基坑

某市轨道交通6号线一期土建施工总承包3标工程为东西走向，总长度约

8.46 km。2022 年 2 月，车站一期交通疏解道路施工完成，一期管线迁改施工完成 35%；地下连续墙累计施工完成 155 幅，占比为 86.6%(剩余 24 幅)；基坑土方开挖完成 23500 $m^3$，占比为 19%；西侧主体结构封顶完成。因雨水、污水管道横穿车站，管道埋设深度与车站主体顶板高程冲突，需要对雨水箱涵进行破除。风险事件地点为雨水箱涵破除现场，雨水箱涵为钢筋混凝土结构，南北长度约15.7 m、东西宽 4.8 m、高 2.8 m，箱涵顶板、侧墙、底板厚度均为 0.4 m，雨水箱涵顶部埋深约为 3.5 m。事发时，雨水箱涵南端约 10 m 范围内结构顶部及东侧侧墙混凝土已部分破碎。雨水箱涵破除施工现场图如图 3.12 所示。

图 3.12 雨水箱涵破除施工现场图

采用绳锯切割法破除雨水箱涵，将每段箱涵挖出后，采取炮锤对箱涵顶板进行破除，将破碎后的混凝土块清理出基坑；将箱涵侧墙两侧土方挖出，解除土体约束力，为绳锯作业提供有效作业空间；在箱涵侧墙钻取吊装孔，在侧墙与底板交界处钻取切割孔，将绳锯链条穿过切割孔，将链条拉至顶板处连接成环后切割墙体；切割完成后，采用吊车将墙体吊出基坑；底板采用炮锤进行破除，破除完成后将混凝土块清出基坑。风险事件发生在雨水箱涵西侧为绳锯作业提供有效作业空间而开挖的沟槽中，宽度 1.25～1.6 m，深度约3 m，沟槽未放坡。雨水箱涵沟槽靠近挖掘机附近有局部坍塌。沟槽上口坍塌后的宽度平均 2.8 m，风险事件点区域沟槽宽度达 1.9 m。

事件班组于2022年2月25日7:40到达轨道交通6号线一期土建施工总承包3标项目工地，先进行了安全教育培训和安全技术交底并填写了档案，后到箱涵破除现场进行作业。

2022年2月25日8:00左右，施工分包公司开始雨水箱涵破除作业的准备工作，进行土方装车和开挖雨水箱涵两侧沟槽。11:00左右完成土方装车作业后开挖雨水箱涵两侧沟槽，13:00完成沟槽开挖作业。13:30左右，5名作业人员进行雨水箱涵破除作业，4人在箱涵中作业，1人在西侧箱涵上传送工具。14:40左右，1人到西侧沟槽中穿钢丝绳，绳锯启动并开始切割箱涵。14:50左右，切割作业遇到阻碍，张某跳到雨水箱涵西侧沟槽中处理，此时箱涵西侧沟槽土方发生坍塌，张某被掩埋。

应急援救及善后处置：现场作业人员边拨打急救中心电话边进行施救，15:15，救护车到达现场，将伤者张某送往医院救治；16:57，张某经抢救无效死亡；当日，施工分包公司与死者家属达成赔偿协议，善后工作结束。

损失及事件性质：本次小基坑坍塌风险事件造成1人死亡，依据《企业职工伤亡事故经济损失统计标准》(GB 6721—1986)规定，核定事件造成直接经济损失约170万元。

直接原因：雨水箱涵西侧沟槽土体开挖未放坡，张某违规进入沟槽作业时，沟槽坍塌将张某掩埋。

间接原因：

(1)各方麻痹大意，在车站主体结构施工完毕后管理松散，施工随意。

(2)施工分包公司未严格落实安全生产主体责任，未健全安全管理体系，项目经理未在项目履职。施工分包公司违反《建筑施工项目经理质量安全责任十项规定(试行)》，未对作业人员进行安全教育培训；违反《中华人民共和国安全生产法》，未对从业人员进行安全技术交底；违反《建设工程安全生产管理条例》，未安排专职安全管理人员对沟槽施工现场进行管理。

(3)施工方联合体未严格履行安全生产主体责任，施工管理存在时间空档，未按规定进行安全教育培训，培训资料弄虚作假，违反《施工企业安全生产管理规范》(GB 50656—2011)规定；雨水箱涵施工方案针对性不强，未明确具体安全操作方法，未充分考虑危险因素，未考虑实际施工中有人员进入沟槽作业的可能性，以及存在的作业风险，违反《市政工程施工组织设计规范》(GB/T

50903—2013)规定;未按规定进行安全技术交底,安全技术交底内容中,没有结合箱涵施工特征风险的安全措施和注意事项,违反《建筑施工安全检查标准》(JGJ 59—2011)规定;未向监理单位报告沟槽施工情况,未安排专职安全管理人员对沟槽施工现场进行管理,未落实《关于开展建筑施工安全集中整治的通知》基坑沟槽作业要旁站的规定。

(4)监理联合体未严格落实监理单位的安全监理职责,安全监理工作不能与施工同步;未严格审查基坑沟槽作业人员岗前安全教育培训情况,未落实《关于开展建筑施工安全集中整治的通知》中提到的基坑沟槽作业集中整治重点施工要旁站的要求。

(5)市轨道公司未严格履行业主单位安全生产职责,对相关公司签订分劈协议,改变联合体协议约定的施工范围,实际未履行联合体共同安全管理职责的情况失察。

(6)市轨道质安站未严格履行安全监管职责,对事故项目存在的问题下发了《施工安全监督抽查记录》,但没有注明整改、反馈时限,隐患整改工作未形成闭环。

### 3.3.4 风险因素四:对江河冲击流域的软土地质认识不足

**案例5** 对黄河冲积地层认识不足

某地铁地下车站位于纵路与横路交叉口,站位紧邻黄河。车站总长度为369.2 m,标准段净宽20.7 m,为地下二层单柱13 m宽岛式站台车站。车站采用明挖两层单柱双跨(局部双柱三跨)箱型框架结构,顶板埋深约4.0 m。标准段基坑宽度22.3 m,深度19.2 m;端头井基坑宽度26.8~37.1 m,深度20.1~20.8 m。基坑采用常规设计,采用1000 mm厚地下连续墙+内支撑作为围护结构。内支撑设置方式为:第一道混凝土支撑采用C30混凝土,尺寸为800 mm×1000 mm;其余采用直径800 mm钢管撑(钢管撑壁厚$t=20$ mm)。车站横断面图如图3.13所示。

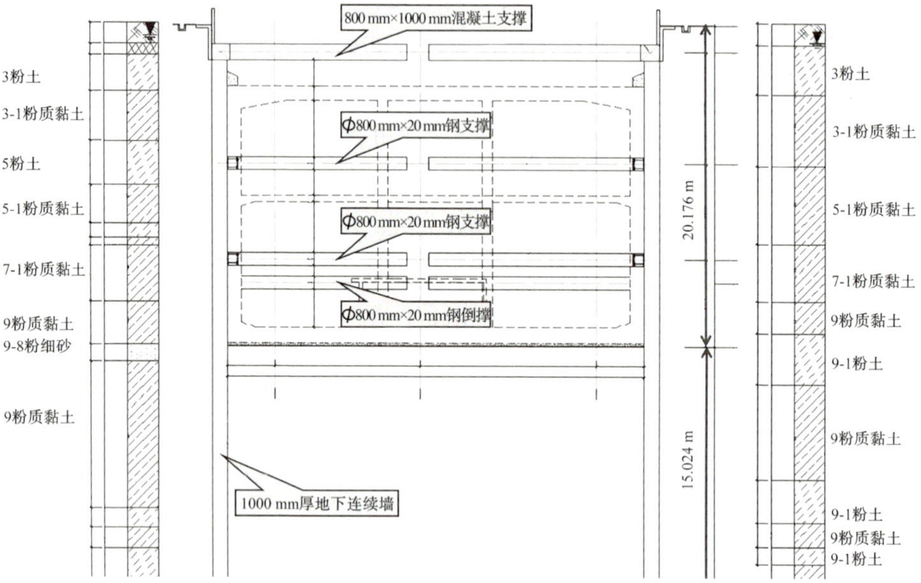


图 3.13　车站横断面图

场地从上到下土层：1-1 杂填土、3 粉土、3-1 粉质黏土、5 粉土、5-1 粉质黏土、7-1 粉质黏土、9 粉质黏土、9-1 粉土、9-8 粉细砂、9-2 粉质黏土、11 粉质黏土、12 粉质黏土。基坑范围内地层主要以粉土、粉质黏土为主。坑底位于 9 粉质黏土层，地下连续墙底位于 9-2 粉质黏土层。地下水稳定水位埋深 0.7～1.4 m，埋深较浅，主要含水层为粉土、粉质黏土、粉细砂层。车站地质纵断面图如图 3.14 所示。

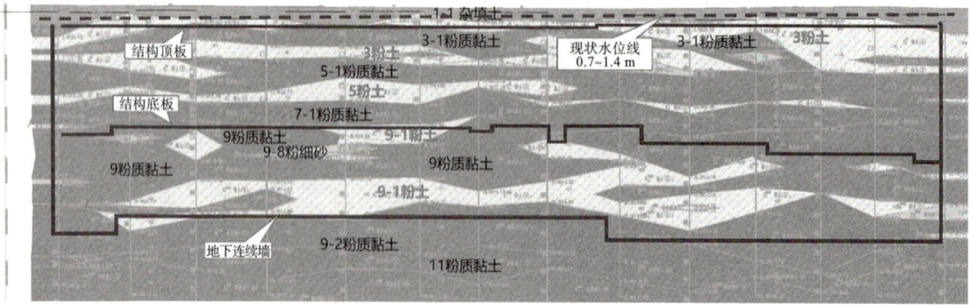


图 3.14　车站地质纵断面图

2023年9月7日，基坑开挖至12 m后，南端基坑深层水平位移变化速率及变形控制值均超限，其中橙色预警1次，红色预警3次，深层水平位移最大累计变化量94.15 mm(超过控制值40 mm)，最大变化速率20.07 mm/d(超过控制值±3 mm/d)；地下连续墙南侧墙身出现八字裂缝，西侧及东侧墙身接缝处出现竖向贯通裂缝，裂缝处有渗漏水现象，东侧标准段接端头井处基坑底出现涌水现象。现场变形图如图3.15、图3.16所示。

图3.15　现场变形图(一)

图3.16　现场变形图(二)

南端头深层水平位移随着基坑开挖深度加大而不断发展，架设第三道支撑时最大深层水平位移约 41.28 mm，开挖至坑底时最大变形达到 94.15 mm，最大值位于深度 15.5 m 处，即第三道支撑下方。标准段开挖至坑底时最大深层水平位移为 33.68 mm。南端头（基坑深度 20.176 m）与标准段（基坑深度 19.04 m）地层差异较小，而南端头深层水平位移为标准段的 3 倍左右。端头井处深层水平位移实测值大于计算值，端头井处混凝土支撑轴力实测值远大于计算值（超出 60%）。数据图如图 3.17 所示。

| 深度/m | 上次累计变化量/mm | 本次累计变化量/mm | 本次变化量/mm | 变化速率/（mm/d） | 控制值 累计变化值/mm | 控制值 变化速率值/（mm/d） |
|---|---|---|---|---|---|---|
| 0.50 | 8.55 | 8.46 | -0.09 | -0.09 | ±40 | ±3 |
| 1.00 | 13.13 | 12.61 | -0.52 | -0.52 | ±40 | ±3 |
| 1.50 | 12.23 | 12.06 | -0.17 | -0.17 | ±40 | ±3 |
| 2.00 | 14.34 | 14.31 | -0.03 | -0.03 | ±40 | ±3 |
| 2.50 | 16.93 | 15.84 | 1.09 | -1.09 | ±40 | ±3 |
| 3.00 | 19.16 | 18.92 | -0.24 | -0.24 | ±40 | ±3 |
| 3.50 | 22.61 | 22.08 | -0.53 | -0.53 | ±40 | ±3 |
| 4.00 | 26.81 | 25.51 | -1.27 | -1.27 | ±40 | ±3 |
| 4.50 | 30.92 | 30.19 | -0.73 | -0.73 | ±40 | ±3 |
| 5.00 | 33.94 | 32.66 | -1.28 | -1.28 | ±40 | ±3 |
| 5.50 | 40.25 | 38.62 | -1.63 | -1.63 | ±40 | ±3 |
| 6.00 | 47.10 | 45.47 | -1.63 | -1.63 | ±40 | ±3 |
| 6.50 | 53.04 | 50.33 | -2.71 | -2.71 | ±40 | ±3 |
| 7.00 | 59.02 | 56.79 | -2.23 | -2.23 | ±40 | ±3 |
| 7.50 | 63.80 | 62.36 | -1.44 | -1.44 | ±40 | ±3 |
| 8.00 | 68.13 | 67.59 | -0.54 | -0.54 | ±40 | ±3 |
| 8.50 | 73.21 | 72.00 | -1.21 | -1.21 | ±40 | ±3 |
| 9.00 | 77.46 | 76.19 | -1.27 | -1.27 | ±40 | ±3 |
| 9.50 | 81.33 | 80.68 | -0.65 | -0.65 | ±40 | ±3 |
| 10.00 | 84.62 | 84.46 | -0.16 | -0.16 | ±40 | ±3 |
| 10.50 | 85.52 | 84.59 | -0.93 | -0.93 | ±40 | ±3 |
| 11.00 | 86.10 | 85.77 | -0.33 | -0.33 | ±40 | ±3 |
| 11.50 | 86.37 | 85.78 | -0.59 | -0.59 | ±40 | ±3 |
| 12.00 | 88.16 | 87.52 | -0.64 | -0.64 | ±40 | ±3 |
| 12.50 | 88.93 | 88.21 | -0.72 | -0.72 | ±40 | ±3 |
| 13.00 | 90.13 | 89.31 | -0.82 | -0.82 | ±40 | ±3 |
| 13.50 | 90.71 | 90.78 | 0.07 | 0.07 | ±40 | ±3 |
| 14.00 | 91.24 | 91.42 | 0.18 | 0.18 | ±40 | ±3 |
| 14.50 | 91.96 | 92.09 | 0.13 | 0.13 | ±40 | ±3 |
| 15.00 | 91.60 | 91.43 | -0.17 | -0.17 | ±40 | ±3 |
| 15.50 | 89.69 | 89.43 | -0.26 | -0.26 | ±40 | ±3 |
| 16.00 | 87.30 | 86.92 | -0.38 | -0.38 | ±40 | ±3 |
| 16.50 | 81.18 | 80.13 | -1.05 | -1.05 | ±40 | ±3 |
| 17.00 | 73.80 | 72.00 | -1.80 | -1.80 | ±40 | ±3 |
| 17.50 | 68.16 | 66.94 | -1.22 | -1.22 | ±40 | ±3 |
| 18.00 | 66.69 | 65.52 | -1.17 | -1.17 | ±40 | ±3 |
| 18.50 | 65.95 | 64.91 | -1.04 | -1.04 | ±40 | ±3 |
| 19.00 | 62.77 | 61.20 | -1.57 | -1.57 | ±40 | ±3 |
| 19.50 | 59.26 | 58.41 | -0.85 | -0.85 | ±40 | ±3 |
| 20.00 | 56.92 | 55.54 | -1.38 | -1.38 | ±40 | ±3 |
| 20.50 | 54.83 | 53.92 | -0.91 | -0.91 | ±40 | ±3 |
| 21.00 | 52.35 | 51.06 | -1.29 | -1.29 | ±40 | ±3 |
| 21.50 | 49.61 | 48.59 | -1.02 | -1.02 | ±40 | ±3 |
| 22.00 | 47.36 | 45.69 | -1.67 | -1.67 | ±40 | ±3 |
| 22.50 | 42.47 | 41.31 | -1.16 | -1.16 | ±40 | ±3 |
| 23.00 | 36.97 | 34.68 | -2.29 | -2.29 | ±40 | ±3 |
| 23.50 | 33.89 | 32.21 | -1.68 | -1.68 | ±40 | ±3 |
| 24.00 | 29.87 | 28.99 | -0.88 | -0.88 | ±40 | ±3 |
| 24.50 | 26.51 | 25.25 | -1.26 | -1.26 | ±40 | ±3 |

监测深度-位移变化量曲线

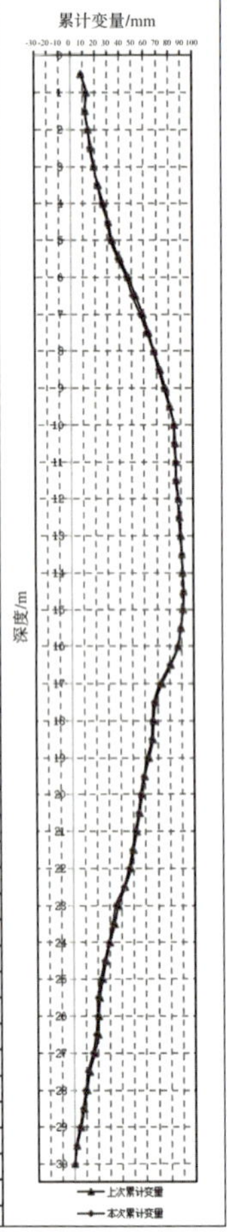


图 3.17　数据图

原因分析：

(1)由于下方两道钢支撑实测轴力均小于计算值(第三道支撑轴力仅为计算值的 1/5),未起到支撑地下连续墙的作用,导致地下连续墙深层水平位移增大(最大值位于第三道支撑位置)。

(2)南端头为斜向钢支撑,钢围檩与地下连续墙之间未设抗剪件、钢围檩与地下连续墙贴合不密实且后填充不密实、钢围檩连接处空隙较大导致地下连续墙变形。

(3)钢支撑架设周期过长,架设不及时,导致地下连续墙变形。

**案例 6** 对黄河冲积地层认识不足

某地铁地下车站位于规划大街与规划路交叉路口西侧,为地下二层岛式车站,车站北侧为待建空地,南侧及东侧为国际物流集团。地质纵断面图如图 3.18 所示。

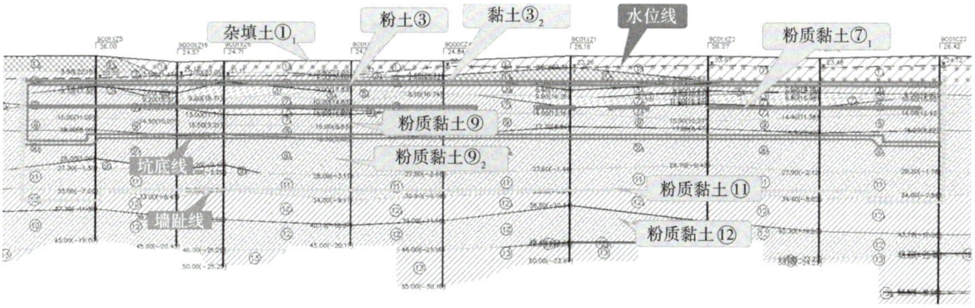


图 3.18 地质纵断面图

车站基坑宽 21.2～25.6 m,深 17.0～18.7 m。车站底板位于粉质黏土⑨,围护结构标准段钢筋混凝土连续墙嵌固深度 12.5 m。地下水为第四系松散孔隙水,无承压水,施工期抗浮水位为地下 0.5～1 m。围护结构地下连续墙底部处于粉质黏土⑪,坑内采用疏干井进行基坑降水。

2023 年 10 月 4 日,基坑开挖至坑底,垫层浇筑前,车站大里程端墙深层水平位移监测点 ZQT14 当日监测速率为 24.78 mm/d(速率预警值±3 mm/d),阶段累积38.85 mm(控制值±50 mm),为橙色预警。由于测斜速率突变,导致洞门玻璃纤维筋处的地下连续墙出现裂缝。橙色预警现场照片如图 3.19、图 3.20 所示。

图 3.19 橙色预警现场照片(一)

图 3.20 橙色预警现场照片(二)

2023 年 11 月 9 日，施工单位在拆除第三道钢支撑时，监测单位发现端墙墙体深层水平位移监测点 ZQT14 达到预警值，变化速率最大为 13.80 mm/d，位于 11.5 m 处，累计变化量 52.85 mm，位于 13.5 m 第三道支撑处(速率控制值 3 mm/d，累计变化量控制值 50 mm)。拆撑工况出现红色预警，现场立即停止拆撑，支撑复顶之后监测数据趋于稳定，拟采取可靠措施后再进行拆撑施工。

端墙墙体深层水平位移监测点 ZQT14 数据：2023 年 10 月 4 日开挖至坑底

工况，变化速率突变至 24.78 mm/d；11 月 9 日拆除钢支撑，变化速率突变，降至13.80 mm/d，此时底板已浇筑，累计变化量值最大为 53.89 mm，控制值为50 mm，达到红色预警。测斜最大值监测值与理论值存在偏差，计算测斜最大值为 31.64 mm，监测最大值为 53.89 mm。测斜变形曲线图如图 3.21、图 3.22 所示。

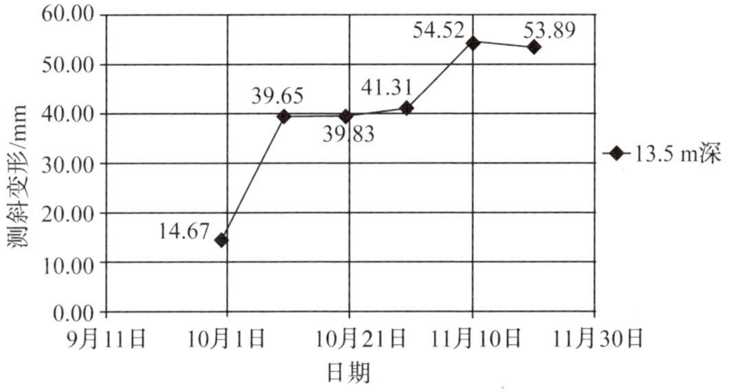


图 3.21 测斜变形曲线图(一)

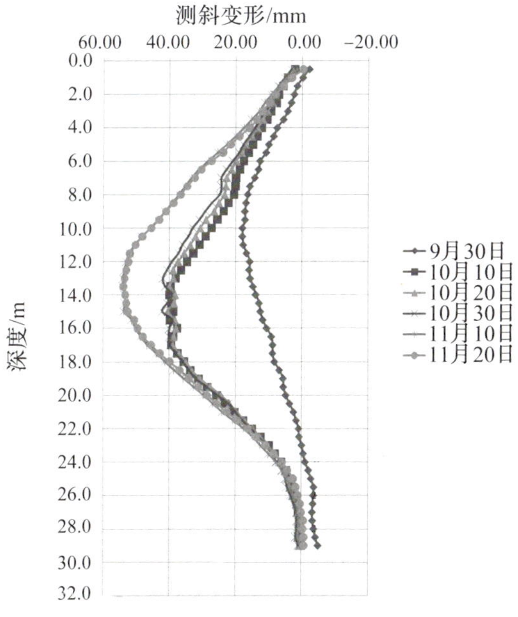


图 3.22 测斜变形曲线图(二)

原因分析：

(1)车站位于黄河冲积地层，开挖范围内的粉质黏土层的局部有类似软土的性质，相关土层的物理力学参数有待进一步核实确定。

(2)端头井钢支撑为45°斜撑，监测显示的钢支撑轴力比钢支撑轴力设计值小，钢支撑刚度未充分利用，影响整体围护体系的抵抗变形能力。

处理措施：现场增设了斜抛撑。斜抛撑如图3.23所示。

(a)斜抛撑远景图　　(b)斜抛撑近景图

图3.23　斜抛撑

通过以上两个案例可得到如下总结：

(1)针对大江大河冲击流域，建议地质勘察方深入研究地质特征。这些地区皆以粉质黏土为主，但物理属性大相径庭。

(2)对于地层条件较差或软土地层基坑围护支撑设计，建议一、二道支撑优先采用钢筋混凝土支撑，增加基坑整体稳定性。

(3)建议适当加强围护结构配筋，增加插入比，以增加围护结构抵抗变形的能力。

(4)建议适当增加垫层厚度(建议300 mm以上)，垫层混凝土可加入早强剂，使其尽快达到设计强度，起到支撑的作用。

(5)建议端头井段地下连续墙预埋抗剪构件，钢支撑直接与抗剪构件相连；围护结构为地下连续墙的，可不设置斜撑段钢围檩。

(6)盾构始发或接收端头加固部分建议在土方开挖前施工完成。

(7)加强地下连续墙表面清理工作,围檩施工完成后将背后缝隙用细石混凝土填充密实,并重点检查围檩与地下连续墙上抗剪块连接情况、围檩与围檩的连接情况。

(8)严禁超挖,及时架撑。合理安排各工序衔接顺序、间隔时间,提高挖土及支撑架设效率,缩短基坑工期,减小空间效应。

(9)土方开挖应严格分层、分段开挖,尽可能避免扰动无支撑、未开挖部分土体。

(10)加强钢支撑应力损失控制。建议在地质情况较差、周边环境复杂的软土基坑中采用钢支撑伺服系统。

(11)地质条件较差时,可对地基进行加固。一般可采用高压旋喷桩、水泥土搅拌桩等进行加固。对于特殊环境和敏感区域,如已建成的轨道交通工程、保护要求较高的建(构)筑物等,可采用全方位高压喷射工法(MJS工法)等微扰动加固工艺。

### 3.3.5 风险因素五:雨污水管渗漏

城市轨道交通为规避拆迁、不破坏地块完整性,一般沿市政道路敷设。而市政道路下方管线错综复杂,种类众多,主要包括雨水管线、污水管线、给水管线、热力管线、燃气管线、电力管线、通信管线、国防军缆等。轨道交通工程基坑施工前需对上述市政管线进行迁改或原位保护。其中有的基坑周边的老旧雨水管线、污水管线修建年代久远,可能采用承插式混凝土管或者铸铁管,由于年久失修、维护不及时,往往在接头处存在渗漏现象。而轨道交通基坑周边不需要迁改的雨污水管线,如施工前未进行详细调查,即使存在渗漏现象也难以发现。在基坑施工过程中,若雨污水渗漏到地层中,则易形成地下水囊,造成土体长期被积水浸泡,土体的稳定性受到破坏,导致基坑支撑轴力异常而引发基坑坍塌。

**案例7** 污水管渗漏导致基坑坍塌

2005年11月30日下午,某城市地铁10号线车站主体基坑南侧第五段正在进行地下一层混凝土柱浇注及侧壁清理工作,第六段地下二层正在进行底板及底纵梁支模施工,第七段正在进行底板防水层施工,第八段基坑正在进行土方开挖工作。基坑上面有两台吊车，一台停在基坑南侧进行出土吊装施工，另一台未作业。作业吊车支腿距离基坑边缘约 3 m。由于基坑北侧结构顶板需回填土，故在基坑东侧距离基坑 14.7 m 处、基坑南侧距离基坑 12 m 处设置堆土区域，堆土高度为 3～5 m。14:20 左右，基坑南侧深度约 8 m 处有水渗出。5 分钟后，出现大量涌水；10 分钟后，基坑南侧地表出现裂缝。值班人员发现后，立即要求基坑内所有人员撤离。14:35 左右，基坑南侧中间部位突然坍塌，并迅速向两侧发展，造成斜向钢支撑体系脱落，引起两侧围护桩倒塌，并导致基坑南侧的通信电缆和其他电缆裸露悬空。基坑东侧 DN600 自来水管(表示公称直径为 600 mm 的自来水管，以下型号同理)断裂，自来水注入基坑内，同时造成一根 DN1600 上水管弯曲，一根 DN800 污水管断裂，一根燃气管线外露，多根电信管线断开。由于值班领工发现险情及时并组织工人撤离，未造成人员伤亡。现场塌方图如图 3.24～图 3.26 所示。

图 3.24　现场塌方图(一)

图 3.25 现场塌方图(二)

图 3.26 现场塌方图(三)

原因分析：

(1)倒塌区域外围均为迁改管线，管线较多且在基坑正南端中间部位设有污水井和雨水井各一个。根据前期地下管线调查情况，距南侧基坑边缘5.1 m的DN800污水管渗漏严重，造成该区域土体长期被积水浸泡。同时，2005年11月28日的雷达探测报告也显示在地下8.0 m左右深度范围内发现异常区域：地下土层局部含水量较高，尤其在管线下部可能有积水渗入。据此分析，由于污水管长期渗漏，在车站基坑南侧形成水囊，积水长期浸泡车站南侧土体，使土体的稳定性受到破坏，进而导致坍塌发生。

(2)基坑南侧围护结构内壁喷射混凝土厚度仅为8 cm，未能抵挡内侧土性质变化带来的侧压力增加；且该内壁在水的作用下开始出现裂缝，水从裂缝渗出，很快发展为突涌，并夹带着大量稀泥；最后在桩体背后形成空腔及松散区域，在东西两侧土体压力的共同作用下造成斜向支撑的整体失稳，从而引发基坑坍塌。

**案例8** 污水管渗漏引起区间塌方

2006年1月3日00:30，某市地铁10号线区间人防段，8名工人正准备在地下浇注喷射混凝土，突然发现上方掌子面涌水。工人立即报告了现场负责人，同时上报建设单位。公司一名有丰富经验的负责人发现情况严重，立即让8名工人撤出施工现场，同时通知其他作业面施工人员(共40人)撤出施工现场。人防段位置示意图如图3.27所示，现场塌方图如图3.28、图3.29所示，内部漏水图如图3.30所示。

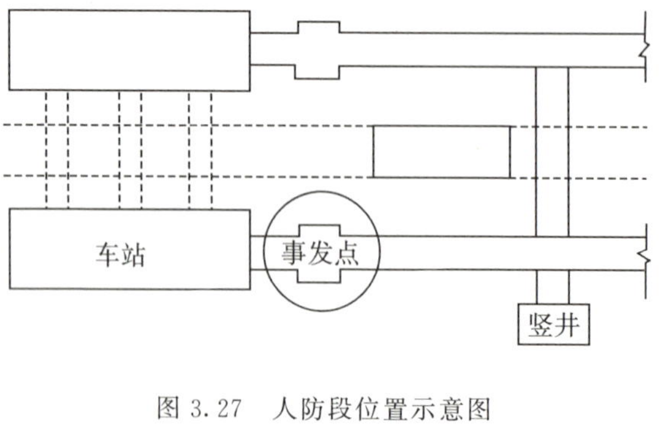


图3.27　人防段位置示意图

图 3.28　现场塌方图(一)

图 3.29　现场塌方图(二)

图 3.30　内部漏水图

原因分析：经调查，污水管下方一定深度处存在空腔。该污水管施工时采用的是顶管法，接头处长期渗漏水并形成泥浆区域。当地铁隧道施工到该区域时，扰动周边土体，破坏土体的应力平衡状态，进而引起坍塌；坍塌又导致污水管断裂，大量污水和塌落的泥土冲进下方地铁隧道。与此同时，在大量污水的冲刷下，坍塌不断扩大并向地表发展，导致道路塌陷。

两起事件经验总结：

(1)施工前应将基坑周边的管线调查清楚，尤其是年久失修的雨水管、污水管，严查管线渗漏现象。

(2)出现险情征兆应及时果断处理，不可耽误。

(3)做好应急预案和应急演练工作。

(4)严格保证施工质量，不可随意降低围护结构强度，保证合理的安全余量。

### 3.3.6　风险因素六：富水软土遇连续降雨

针对富水淤泥质地层、富水砂层、大江大河冲击地层、沿海软土地层等软弱土层，勘察方、设计方应高度重视，适当提高围护结构安全储备。轨道交通工程有时存在压缩工期的现象，在抢工期期间，往往存在施工质量难以保证、支撑架设滞后等问题。建设方、监理方、设计方应严格落实现场巡检，发现问题及时上报并要求施工方整改。当软弱地层遇连续降雨时，往往地层流动性大大增强，对围护结构造成额外压力，如支撑架设滞后，可能引起严重事故。

**案例9** 富水软土、地面超载、连续降雨导致基坑坍塌

某市地铁1号线的起始车站为南北向，总长934.5 m，标准宽20.5 m，全长分为8个基坑。2008年11月15日15:15左右，北2基坑西侧市政道路发生大面积地面塌陷。塌陷区域长75 m，宽约20 m，深15 m，超11辆行驶中的汽车坠入塌陷处，造成17人死亡、4人失踪，直接经济损失4962万余元。现场塌方图如图3.31所示。

图3.31 现场塌方图

经调查，该市的土质特殊，发生事故路段土质属于淤泥质黏土，含水时流失性强；该市政道路为交通主干道，车流量大，地面超载大，给基坑西面的承重墙带来巨大冲击；2008年10月该市出现罕见的持续性降雨，使得地下砂土的流动性进一步加大；整个施工方案未考虑到周边环境的影响，拆迁、转移不到位，设计人员对基坑周边交通主干道较大的地面超载考虑不充分，造成整个基坑垮塌；设计方案研究深度不足，施工方法与地层、周边环境不匹配，没有研究出安全合理的施工方案，采用造价最低但对环境破坏最大的施工方案；抢工期现象严重，为节省造价，把费用压得很低，不合理的工期、不合理的造价是影响安全和质量的主要因素；工程中，有一个承插式污水管长期漏水，造成剥离面湿滑，再加上连续降雨，造成突发性事故。

直接原因：

(1)施工单位违规施工、冒险作业、基坑严重超挖，未按设计要求施工(设计要求基坑开挖至支撑标高以下 0.5 m 处及时架设支撑)。

(2)设计单位没有提供支撑钢管与地下连续墙的连接节点详图及钢管连接点大样，没有提出相应的技术要求，也没有对钢支撑与地下连续墙预埋件提出焊接要求，导致支撑系统存在严重缺陷且钢支撑架设不及时。

(3)施工单位未及时浇筑垫层。

(4)监测工作处于失效状态。2008 年 11 月 15 日前，地表最大沉降已达 316 mm，测斜管测得 18 m 处最大位移为 43.7 mm；2008 年 11 月 13 日时最大侧向位移已达 65 mm，均早已超过报警值，但均未报警。

间接原因：

(1)设计单位提出基坑底部进行搅拌桩抽条加固，但施工单位建议采用降水固结沉降，取代搅拌桩抽条加固措施。

(2)监理对不符合设计及规范要求的支撑架设滞后问题制止不力。

(3)原勘察单位和事后检查单位所得物理力学性质指标差异并不大，但未根据当地软土特点综合判断及合理推荐基坑围护设计参数和力学参数，降低了基坑体系的安全储备。

总结：

(1)土方开挖必须按分层、分段、对称、平衡、适时的原则，严禁超挖，尤其是软土地区更应严格执行。

(2)在厚软土层采用桩墙＋内支撑体系时，其桩墙必须考虑整体稳定性问题，包括桩墙沉降、隆起及“踢脚”破坏，应经多种方法验证计算，不能满足要求时，应加深桩墙嵌固深度或进行被动区土层加固。本工程设计人员对此重视不足，未进行被动区土层加固。

(3)第一道内支撑宜采用钢筋混凝土支撑。钢支撑应明确节点构造连接大样及焊接要求，避免偏心、失稳。

(4)抗剪强度参数的选取应与计算目的和安全系数配套，当进行土压力计算和进行与土压力有关的“抗踢脚”“抗倾覆”计算时，应选择固结快剪试验结果或三轴固结不排水剪(CU)指标；当进行抗隆起、抗滑移和整体稳定性计算时，若软土起控制作用，对软土应选择直剪快剪试验结果或三轴不固结不排水剪

(UU)指标或十字板剪切强度，要综合考虑后推荐设计采用，不能过大或过小或只提取一个平均值。

(5)施工方应严格按图施工，尤其在软土基坑中，严禁为赶工期而超挖、滞后架设支撑。

(6)监测工作应严格、独立进行，达到报警值时，须及时上报，不得隐瞒。

(7)监理单位应熟悉岩土工程，切实起到监督作用，对一些违规的重大问题应严加制止。

**案例 10** 水塘软土地层遇连续降雨导致基坑涌水涌砂

某市地铁 6 号线一期工程车站设置于市政道路 A 和 B 大道交叉口北侧，为 6 号线和远期 S2 线换乘站，采用通道换乘，为地下二层岛式车站。车站长度 252.5 m，标准段宽度 21.7 m，为地下两层结构，底板埋深 17.90～20.62 m。周边以居住、商业及交通用地为主。车站周边紧邻 B 大道高架桥桩、小区、DN800 雨水管(埋深约 3 m)、DN800 小区内部污水管(埋深约 2 m，端头截断封堵)，车站大里程端东侧有废弃水塘，设计处理措施为主体围护结构施工前清淤回填。地质纵断面图如图 3.32 所示。

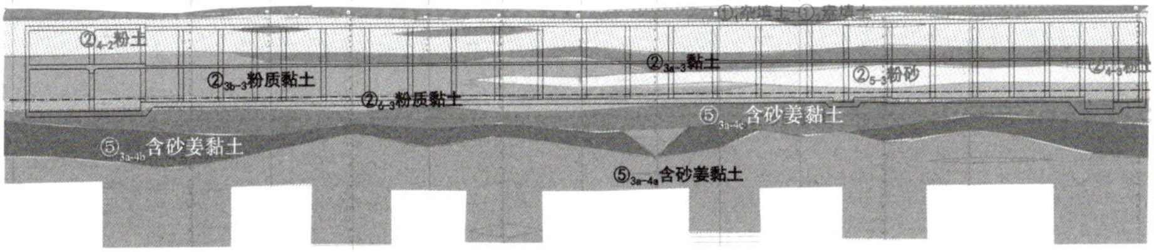


图 3.32 地质纵断面图

车站范围地质自上而下依次为①$_1$ 杂填土、①$_2$ 素填土、②$_{4-2}$ 粉土、②$_{3a-3}$ 黏土、②$_{4-3}$ 粉土、②$_{3b-3}$ 粉质黏土、②$_{6-3}$ 粉质黏土、②$_{5-3}$ 粉砂、⑤$_{3a-4c}$ 含砂姜黏土、⑤$_{3a-4b}$ 含砂姜黏土、⑤$_{3a-4a}$ 含砂姜黏土。车站标准段开挖深度约 17.9 m，车站主体底板主要位于含砂姜黏土、②$_{6-3}$ 粉质黏土地层。根据场地内含水地层分布情况，自上而下第一层地下水为第四系松散岩类孔隙潜水，赋存于人工填土和②$_{4-2}$ 粉土中，初勘及详勘所有钻孔均对该层地下水进行了观测，勘察期间实测第一层地下水位埋深 0.5～2.5 m；第二层地下水主要赋存于②$_{4-3}$ 粉土和②$_{5-3}$ 粉砂层中，含水层以呈镜体形式发育，勘察实测得该层地下水具有承压性，实测测压水位埋深0.5～1.9 m，水头高度9.7～11.8 m；第三层地下水主要赋存于⑤层含砂姜黏土层中，该层地下水为承压水，上覆隔水层为②层黏性土，勘察实测得该层地下水测压水位埋深1.0～2.1 m，水头高度15.5～18.0 m。

围护结构方案采用直径1000 mm、间距700 mm咬合桩＋内支撑围护结构形式。端头井下沉段设置三道支撑＋一道钢倒撑，首道支撑采用800 mm×1000 mm混凝土支撑，其余均采用直径800 mm、壁厚16 mm的钢支撑。

基坑预警过程：2022年7月份进入雨季，大里程端头井右线侧墙负二层第三道支撑上方多次出现少量渗漏水，现场采取注浆堵水的措施后基坑渗漏水基本稳定。大里程端东侧5 m以外原状为废弃水塘，施工前水塘已清淤回填压实。7月30日凌晨，大里程端头井左线洞门处又发生一处渗漏水，一开始流出物质存在污水，有明显臭味，基坑周边有小区的污水管，端头临时截断封堵。当夜该市出现强降雨，该渗漏处涌水涌砂达20多立方米，经过连夜注浆堵漏抢险，基坑渗漏水情况基本稳定。7月30日上午的监测数据显示，首道混凝土支撑受拉，且拉力达到7500 kN，第二道支撑轴力监测结果为230 kN，第三道支撑轴力监测结果为690 kN，混凝土支撑表面局部出现裂纹，东西侧墙外侧地面有明显沉降，右线侧墙与端墙交界处钢围檩与咬合桩脱离达70 mm，局部钢板撑变形损坏严重，桩背后土体深层位移接近146 mm，桩体位移、地表沉降监测点损坏、无数据，第三道支撑以上1.4 m左右位置桩体局部有裂纹；初步判断左线洞门渗漏处端墙背后有空腔、桩背后土体不密实。7月31日下午开始，在大里程端左线洞门处进行浅部注浆充填。8月1日凌晨，左线侧墙与端墙交界处钢围檩与咬合桩发生脱离，最大空隙达60 mm，混凝土斜撑拉力继续增长，达到8200 kN；8月1日凌晨注浆停止。左线洞门处渗漏水图、桩表面局部裂纹图、钢角撑变形图、钢围檩变形图、格构柱处混凝土支撑局部剥落图如图3.33～图3.38所示。

图 3.33　左线洞门处渗漏水图(一)

图 3.34　左线洞门处渗漏水图(二)

图 3.35　桩表面局部裂纹图

图 3.36　钢角撑变形图

图 3.37　钢围檩变形图

图 3.38　格构柱处混凝土支撑局部剥落图

理论计算结果与现场监测数据对比分析：第一、二、三道支撑轴力理论计算值分别为 1850 kN、2400 kN、2950 kN，桩体最大位移理论计算值为20.15 mm；2022 年 7 月 15 日现场实际监测结果显示，第一、二、三道支撑轴力监测值分别为 1761.3 kN、1077.7 kN、693 kN，桩体最大位移为 40.2 mm；2022 年 7 月 30 日现场实际监测结果显示，第一、二、三道支撑轴力监测值分别为－7500 kN（受拉）、230 kN、690 kN，ZQT-14 桩背后土体最大位移为 146 mm，第一道支撑以上外部土体有往基坑外侧位移的趋势，最大值达 21 mm。

原因分析：车站大里程端紧临住宅小区，现场施工不连续，咬合桩间存在施工冷缝；桩间持续渗漏水，桩背后土体存在空腔，支撑轴力有损失；桩体实际变形值较大，荤素桩接缝处局部出现抗剪破坏，存在渗流路径；2022 年 7 月 30 日凌晨有暴雨，左线端墙洞门处涌水涌砂，背后形成空腔，地表沉降，原状土体受到扰动，局部松散；注浆压力作用下，负二层桩体持续向基坑内侧变形，冠梁及桩顶向基坑外侧位移，导致第一道混凝土支撑受拉。

险情处置方案：

(1)基坑回填反压：端头井坑内土体回填反压至第二道支撑以下 0.5 m；适当回灌地下水，施工盲区回灌水泥砂浆，确保桩体与回填土接触密实；土体压实应尽量采用静力压实方式，严禁采用动荷载压实方式；格构柱两侧应同步回填压实，避免出现格构柱周边偏压；端头井与标准段交界处建议采用 1∶3 自然放坡过渡，并做好坡面的排水等工作。

(2)增加监测点、坑外土体空腔探测：大里程端增设监测点；坑外土体采用地质雷达进行扫描，确定空腔范围；为围护结构背后注浆提供数据支撑，核实端头井咬合桩侵限情况、咬合桩裂纹分布范围。经地质雷达扫描发现，基坑周边 6 m范围内有 21 处松散垮塌，埋深均大于 3 m，其中基坑东侧 6 处，基坑北侧 3 处，基坑西侧 12 处。

(3)大里程端头井地面注浆填充：采用直径 42 mm 袖阀管进行地表注浆加固，注浆浆液为水泥浆液；注浆压力应结合现场桩体位移、混凝土支撑轴力等监测结果综合确定，建议注浆压力不大于 0.3 MPa；注浆孔间距结合注浆压力现场试验结果确定，建议初始方案的注浆孔横向间距为 1.2 m，纵向间距为 1.2 m，采用梅花状布置；注浆方式采用后退式注浆，并进行跳孔注浆。

(4)大里程端头井支撑调整：现场坑内反压至第二道支撑下 0.5 m 并压实后，重新施作端头井处第二道支撑；大里程端头井新增第三道支撑(1000 mm×1000 mm 混凝土支撑和 800 mm×1600 mm 永久混凝土腰梁)；腰梁上下应预留端墙内外侧竖向主筋的钢筋接驳器，腰梁上下按照施工缝位置进行防水处理；大里程端头井中板施工完成且强度达到设计要求后方可拆除第三道混凝土支撑；取消大里程端头井处钢倒撑。

### 3.3.7 风险因素七：连续降雨

城市轨道交通中，多起雨水倒灌车站或区间事件皆与连续降雨密不可分。连续降雨导致基坑泡水、围护结构变形过大或被击穿，须引起参建各方高度重视。

**案例 11** 基坑隔离墙漏水倒灌车站

2018 年 6 月 28 日 8:00，某市受连续暴雨影响，地铁 1 号线三期工程某车站周边地面积水高度达 0.7 m，距车站不远处的二期附属过街通道基坑泡水严重，隔离桩护壁透水，致使雨水经过街通道一期基坑倾入已运营的车站，造成车站站台层、站厅层积水。该地铁站临时关闭 4 小时，线网其余线路及站点未受影响；经应急处置，当日 12:00 车站恢复正常运营。雨水倒灌图如图 3.39 所示。

图 3.39 雨水倒灌图

直接原因：施工未考虑洪汛期间基坑积水对已建结构的透水风险，分期基坑界面处缺乏针对性的防汛措施。

**案例 12** 洪涝倒灌车站

2021 年 7 月 20 日，某市地铁 5 号线 04502 次列车行驶于区间时遭遇涝水灌入、失电迫停，经疏散救援，953 人安全撤出，14 人死亡。调查认定，这是一起由极端暴雨引发的严重城市内涝，涝水冲毁停车场挡水围墙，灌入地铁隧道，事故相关方应对处置不力、行车指挥调度失误、违规变更停车场设计、对挡水围墙建设质量把关不严，造成人员伤亡的重大责任事件。洪涝倒灌图如图 3.40 所示。

图 3.40 洪涝倒灌图

查明的主要问题：

(1)应对处置不力。7 月 19 日—20 日，气象部门多次发布暴雨红色预警后，运营分公司未按有关预案要求加强检查巡视，对运营线路淹水倒灌隐患排查不到位。在 7 月 20 日 15:09 停车场多处临时围挡倒塌，16:00 地铁 5 号线多处进水的情况下，地铁集团仍没有高度重视，没有领导在线网控制中心(OCC)和现场一线进行统一指挥、开展有效的应急处置，直到 18:04 才发布线网停运指令，此时列车已失电迫停。地铁集团的应对处置过程管理混乱，未执行重大险情报告制度，整个过程中都没有启动应急响应。18:37 乘客疏散被迫中断，但直到 19:48 运营分公司才向地铁集团值班处报告，400 多名乘客已被困车厢 1 个多小时，严重延误了救援时机。

(2)行车指挥调度失误。7 月 20 日 17:00 左右涝水冲倒停车场出入场线洞口上方挡水围墙、急速涌入地铁隧道后，因道岔故障发生报警，列车在车站被扣停，在没有查清原因、不了解险情的情况下于 17:46 又放行。17:47 水淹过轨面后，司机按照规定制动停车，但 OCC 主任调度员在未研判掌握列车现场险情的情况下，指挥列车退行，约退行 30 m 后列车失电迫停，导致列车所在位置标高比退行前所在位置标高约低 75 cm，增加了车内水深，加重了车内被困乘客险情。

(3)违规设计和施工。一是擅自变更设计。为便于物业开发将停车场运用库东移 30 m，地面布置调整为下沉 1.973 m 布置，使停车场处于低洼地带，导致自然排水条件变差，不符合《地铁设计规范》(GB 50157—2013)相关规定，属于重大设计变更，但未按规定上报审批。二是停车场挡水围墙质量不合格。停车场挡水围墙按当时地面地形“百年一遇内涝水深 0.24 m”设计，经调查组专家验算“百年一遇内涝水深”应为 0.5 m。建设单位未经充分论证，用施工临时围挡替代停车场西段新建围墙，长度占挡水围墙总长度的四成多，几乎没有挡水功能；施工期间，又违反工程基本建设程序，对工程建设质量把关不严，围墙未按设计图施作基础。三是停车场附近明沟排涝功能严重受损。

### 3.3.8 风险因素八：抢险过程严防次生灾害

**案例 13** 连续暴雨多次引发灾害

某市地铁车站 2 号出入口 1 号风道采用明挖暗挖结合施工，其中明挖段基坑长 55.7 m，宽 11.8 m，深 16 m；基坑北侧距河道上口最近处约 6 m。

基坑西临市政道路 A、南临市政道路 B；基坑北侧紧邻河道，基坑西侧与小区桥桩净距 2.78 m，中部及东侧与河道上口最近处相距 6.28 m。市政道路 A 跨越河道设小区桥，桥梁基础为桩基，桩径 1.0 m，桩长 18 m，桥梁下部为柱式桥墩，桥台为桩盖梁桥台。附属基坑土层自上而下依次为杂填土层、砂质粉土层、粉细砂层、砂卵石层、黏质粉土层。

基坑侧壁止水措施为：在河床上铺设抗渗膜防渗；基坑东、西、北侧采用高压旋喷桩止水，旋喷桩桩径 600 mm，咬合 200 mm。

现状河道全长约 4.8 km，流域面积约 11.3 $km^2$。市政道路 A 路口西侧约有 162 m 长的部分与车站主体结构及 3 号出入口紧邻，交叉路口东侧的现状河道右岸有约 47 m 长部分与车站 2 号出入口及 1 号风道相邻。

2012 年 6 月 24 日 1:28，2 号出入口及 1 号风道基坑北侧壁桩间突发水土涌入，河道底出现东西长约 12 m，南北宽约 10 m，深约 8 m 的塌陷；该区域 DN1050 污水管、DN400 上水管断裂，DN800 输水管悬空，1 根电杆倾斜，1 根电信架空杆陷落，陷落坑内存有废弃 DN500 燃气钢管及其 DN1500 混凝土套管。涌入基坑的水突破正在施工的 1 号暗挖风道进入车站站台层，并继续涌入相邻隧道及车站。项目部立即启动应急预案，向主管部门汇报险情，并组织人员进行抢险。现场塌方图如图 3.41 所示，现场涌水图如图 3.42 所示。

图 3.41　现场塌方图(一)

图 3.42　现场涌水图(一)

6 月 24 日 8:20，地铁公司按照该市防汛办、市重大办召开的现场协调会和专家论证会给出的意见和要求，迅速采取措施组织抢险：河道采取 3 道截流并进行应急导流；关闭 DN800 输水管和 DN400 上水管；封堵 DN1050 污水管；基坑和坍塌坑采取混凝土和渣土回填；切断 10 kV 电力架空线，电信架空线采用设置临时杆的方式保持畅通；对流入地铁车站及区间隧道内的泥水进行抽水清淤。至 6 月 24 日 11:10，河道河水第一次被截断，往塌陷区回灌混凝土约 500 $m^3$，达到断裂的污水管管底标高位置。

6 月 24 日 12:00—14:40，再次出现强降雨，河道水位暴涨，冲毁了围堰，河水再次涌入车站，车站水位漫过站台板以上 20 cm 位置处。施工单位进一步加快回填封堵速度，至 6 月 24 日 17:00，围堰再次筑起，使流入基坑的河道河水得以控制，但 DN1050 污水管中的污水仍持续流入基坑。现场涌泥图、现场涌水图如图 3.43～图 3.45 所示。

图 3.43　现场涌泥图

图 3.44　现场涌水图(二)

图 3.45　现场涌水图(三)

6 月 24 日 19:00,往塌陷区回灌的混凝土再次到达断裂的污水管管底标高位置,灌注混凝土量达 1100 $m^3$。由于该市排水集团实施污水管道恢复工作,19:00—22:00 停止混凝土浇筑。

6 月 24 日 22:00,河堤第三次被冲垮,大量泥水涌入明挖基坑及相邻的区间及车站。23:00,该市重大办领导组织现场抢险协调会,提出在地铁抢险与污水管恢复不能同时进行的条件下,优先保证地铁抢险作业。现场涌水图、现场塌方图如图 3.46～图 3.48 所示。

图 3.46　现场涌水图(四)

图 3.47　现场塌方图(二)

图 3.48　现场塌方图(三)

6 月 25 日 3:00,在建车站水位处于站台板以上 2 m,既有车站水位处于站台板以上 1.2 m。东侧车站 2 号出入口基坑北侧土方被大量冲刷,基坑北侧壁涌水口迅速向东发展,塌陷区域扩大,塌陷范围扩大为东西长约 30 m,南北宽约 15 m,深约 9 m,基坑南侧 1 号风道暗挖段拱顶上方土体流失并塌陷至地表,基坑相应各种监测数据出现较大变化。另外,由于持续降雨,河道水位暴涨,断裂的 DN1050 污水管发生倒灌,河水涌入地铁的流量最大达到约 10 $m^3/s$。至 6 月 25日 6:00,流量仍达到约 3 $m^3/s$,在建车站内进水高度达站台板以上约 3 m,并危及既有线路正常运营。

6 月 25 日上午,该市防汛办、市重大办再次紧急召开专家决定:为防止河水进一步灌入在建的 10 号线地铁站结构,上游修砌两道坝,截住上游来水;以最快的速度对塌陷区域进行回填;基坑内南侧回填土反压,保证基坑稳定;在基坑西南角1号风道暗挖段与基坑交界处进行回填及封堵,以切断水土进入车站内的渠道;通过堵塞井口、抽水导流措施以控制并截断DN1050污水管上下游来水。

到6月26日8:00,对河道进行了截流并做了应急导流措施,河道流入基坑的河水被截断;市政道路B下游DN1050污水管返流基坑的河水被截断。河道桥下DN1050污水管铺设完毕;基坑外北侧坍塌坑渣土回填至DN1050污水管东侧接口区域,河道塌坑区域河堤回填及挡墙、河床修筑至河道既有标高。抢通基坑北侧DN1050污水管。

原因分析:连续的强降雨使地下水的水位上升较大,且砂卵石地层用旋喷止水施工效果差,最终导致基坑涌水涌砂,发生重大险情。

### 3.3.9 风险因素九:层层分包,临时设施设计存在缺陷

此类事件反映出违规分包工程企业安全生产主体责任往往得不到落实,甚至分包企业允许自然人以本单位名义承揽工程。层层分包往往导致各方安全意识淡薄,总承包企业成为"甩手掌柜",现场管理缺失。实际施工队伍在监管不到位的情况下常常不按方案施工,技术交底和安全教育培训弄虚作假,一旦发生安全事故就故意瞒报、谎报事故。

**案例14** 违规分包

2021年9月10日14:00,由某工程局联合体承建的某市轨道交通17号线二期工程某车站在搭建防尘降噪施工棚时,部分棚网架发生坍塌,事故造成18人受伤,其中4人经抢救无效死亡,14人在医院接受救治,直接经济损失650余万元。2022年1月28日,调查报告公布。事故调查组认定,地铁17号线二期车站防尘降噪施工棚工程事故是一起生产安全责任事故,类型为坍塌事故,等级为较大。

防尘降噪施工棚由门式钢架和网架两部分组成,整体结构呈喇叭口状,跨度由36 m逐渐增加至52.3 m。门式钢架部分在2021年8月30日前已完成施工,网架部分于2021年8月30日开始进行地面拼装,9月3日开始进行网架段立柱安装,9月6日开始安装上部网架,9月7日地面拼装的13～16轴网架段整体完成吊装,9月7日下午开始进行高空散装拼接,至9月10日上午完成了

16～18 轴网架段的散装拼接施工工作。9 月 10 日 14:00，正在拼装的顶部网架支座突然发生脱落，网架瞬间从北侧向南侧整体坍塌，正在网架顶部作业的 4 人随网架坠落受伤，南侧墙壁板处 1 名安装工人坠落受伤，地面网架作业区域内 12 人被坍塌的网架砸伤，坍塌飞出物将场外 1 名行人的手臂击伤。

防尘降噪施工棚施工承包公司 A 具有环保工程专业承包二级资质，无钢结构施工资质。承包公司 A 因无钢结构工程专业承包资质，承揽工程后，将网架部分钢结构及屋面系统安装转包给具有钢结构工程专业承包资质的 B 公司，将网架部分钢结构设计分包给 C 公司。

直接原因：网架中部分杆件设计承载力不足，部分与支座相连的竖腹杆承载力不足；施工过程中网架上弦支座未与支承柱有效连接，使网架结构处于不稳定工作状态；网架顶部堆载和多工序交叉施工作业产生的外力扰动加速不稳定结构体系失稳坍塌。现场上部堆载图如图 3.49 所示。

图 3.49 现场上部堆载图

间接原因：违法生产经营，违规分包；施工现场管理不到位；项目审查把关不严；设计存在缺陷。

处理结果：根据调查报告，此次风险事件有关单位 5 名责任人员涉嫌重大责任事故罪，由市应急局按照行政与司法衔接有关规定，移送司法机关立案调查，另对 17 名有关企业人员、参与专项施工方案审查的 5 名专家以及有关公职人员给予行政处罚和党纪政纪处分。

**案例 15** 冠梁坍塌

2021 年 10 月 12 日 15:35 左右，某市地铁 4 号线某站南侧附属结构冠梁发生坍塌，造成现场施工人员被压埋致死。此次事件发生于车站附属结构施工过程中。车站南侧的附属结构包括 A2 出入口和 2 号风亭，出入口与风亭合建。事发地点在 A2 出入口与车站连接口和新风井区域内。

车站主体结构施工采用地下连续墙围护，待附属结构要与车站主体连接时，需将附属结构底板以上的部分地下连续墙顶部的冠梁凿除，形成通往车站内部的通道。

在 2021 年 10 月初，在地下一层底板之上的地下连续墙已被拆出几处孔洞，形成 1～6 号临时支撑地下连续墙，之后在 3～5 号临时支撑地下连续墙附近设置了 3 处混凝土临时支墩。10 月 7 日—11 日，陆续拆除了 3～6 号临时支撑地下连续墙上方的地下连续墙和冠梁。

10 月 11 日，4 号临时支撑地下连续墙已经拆除完毕，5 号和 6 号临时支撑地下连续墙正在拆除，3 号临时支撑地下连续墙还暂时未拆除。10 月 12 日事发时，西侧上部未拆除的地下连续墙和冠梁以及上方挡土墙高约 27 m，失去东侧结构的连接作用，向西侧塌落，并断成两截，下方施工的工人被压埋致死。坍塌的地下连续墙、冠梁如图 3.50 所示。

图 3.50 坍塌的地下连续墙、冠梁

项目总承包单位为本市五市政公路工程有限公司（简称“五市政公司”）。附属结构土建工程实际施工单位为本市城建隧道股份有限公司（简称“隧道公司”)。项目专业分包公司允许他人以本单位名义承揽工程。2015 年 4 月 20 日，地铁集团与监理公司 A、咨询公司 C 签订了《某市建设工程监理合同》。

2015 年 8 月 28 日，监理公司 A 和咨询公司 C 签订《联合体监理协议书》，约定监理工作的总工作量由监理公司 A 承担 66%，咨询公司 C 承担 34%。2018 年 5 月 9 日，由于监理公司 A 的集团内部调整，监理合同主体变更为监理公司 B 与咨询公司 C，地铁集团与监理公司 B、咨询公司 C 签订补充合同，由监理公司 B 与咨询公司 C 继续履行原合同约定的内容。本站主体工程基本完成后，五市政公司因资金和人员问题无法继续履行合同。地铁集团多次催促城建集团公司及其下属五市政公司，要求五市政公司履行合同，按期交工。2020 年 8 月 10 日，城建集团公司经研究决定由隧道公司继续完成该合同段剩余工程，并组织五市政公司及隧道公司完成交接工作。同日，五市政公司和隧道公司经会议研究确定将五市政公司承建的第 6 合同段项目后续附属工程全部移交给隧道公司。2020 年 8 月 12 日，五市政公司与隧道公司签订内部协议：由隧道公司进行相邻两个车站的风道及出入口土建施工，工程期限自 2020 年 8 月 14 日—2021 年 8 月 31 日，五市政公司不再参与施工，但要求隧道公司按建设单位要求及标准组建项目经理部，项目经理部施工现场宣传以及各种报表、资料均体现五市政公司；五市政公司按隧道公司完成工程量的 1%收取管理费，在业主支付工程款时扣除。2021 年 5 月 1 日，五市政公司与隧道公司签订了本合同段现场施工劳务分包合同，要求隧道公司负责附属结构施工相关的一切现场施工工作，但未向监理单位进行备案。2021 年 9 月 28 日，在未签订个人劳务合同或者项目发包合同的情况下，隧道公司项目经理安排施工队对附属结构西侧 1 号、2 号地下连续墙临时支撑进行人工剔凿。2021 年 9 月底，在未签订个人劳务合同或者项目发包合同的情况下，隧道公司项目经理安排施工队对人工剔凿作业产生的渣土进行清理。

直接原因：车站附属结构中，在主体结构上的西侧 27 m 地下连续墙还有约 20 m冠梁下部的临时支撑被全部剔除，而且其间的钢筋完全被切断，这样与这部分临时支撑地下连续墙连接的冠梁就失去了支撑，失去稳定向下滑动，然后冠梁上方的挡水墙(砖砌)以及部分土方随之掉入附属结构形成的地下空间内，而此时几名工人正在进行清理作业，不幸被压埋遇难。

调查报告中也指出，实际施工单位没有按照《附属工程冠梁及地下连续墙凿除方案》要求进行施工，凸显出项目实际管理单位对项目管理比较混乱。

间接原因：

(1)隧道公司作为项目的实际管理单位对项目管理混乱，相关人员未及时并如实上报风险事件情况，存在谎报风险事件的行为。

(2)五市政公司一是未依法履行总承包单位对施工现场的管理职责；二是项目经理未对项目进行实际管理，未履行项目安全生产管理职责。

(3)监理公司一是未按照监理细则相关要求，检查总承包单位对入场的施工人员技术交底和安全教育培训情况；二是在发现施工人员未按照《附属工程冠梁及地下连续墙凿除方案》实施作业的行为后未予以制止；三是在明知五市政公司违规分包的情况下，没有制止施工单位的违法行为。

(4)专业分包公司允许他人以本单位名义承揽工程是违法行为，五市政公司违规分包。

总结：

(1)要督促施工单位切实落实主体责任，严守安全生产红线，依法依规开展项目建设施工。建立健全安全生产责任制和安全生产教育培训制度；强化对工程项目的管理，严格施工单位和人员的资格审核，相关负责人依法到岗履职，严禁“以包代管”，坚决杜绝出借资质、违规分包等行为的发生；要加强施工单位对施工现场的安全生产管理，严格按照工程设计图纸和施工技术标准、方案进行施工，强化对施工现场的统一协调管理，及时发现和消除风险隐患。

(2)监理单位要提高监理能力水平，落实安全生产监理责任。规范配备与工程规模和技术要求相适应的监理人员，加强对施工现场的安全监管检查，严格按照项目监理细则中明确的施工安全监理措施实施监理，对不具备施工安全条件或者风险隐患未消除而进行施工的，应当要求施工单位进行整改或停工整改，并下发监理通知书，对拒不整改的，要及时向住房城乡建设管理部门进行报告。

(3)行业主管部门要加大行政监管力度，进一步加强对本行业领域安全生产工作的监督管理。要深刻吸取教训，牢固树立科学发展、安全发展理念；要严格落实安全生产监管职责，督促各责任主体落实安全责任，深入开展“打非治违”，严厉打击出借资质、违规分包等行为，强化安全意识，明确各环节责任，严格监管，坚决杜绝风险事件的发生。

### 3.3.10 风险因素十：现场管理混乱、违章作业

**案例 16** 基坑周边超载过大

某市地铁 15 号线车站换乘节点基坑于 2010 年 3 月采用明挖法开始施工，基坑分东西两个作业面，由东西向中间施工。2010 年 7 月 14 日 16:42 左右，某工程局在本市地铁 15 号线 07 标段本站基坑施工过程中，基坑东北角钢围檩及钢支撑坠落，造成基坑底部施工作业人员 2 人死亡、8 人受伤，直接经济损失 145.94 万元。

事发地点钢支撑结构于 2010 年 7 月 11 日前已完工。基坑开挖过程中，北侧作为基坑开挖的主要出土通道，在其地面大量堆积土方且长期停放重型车辆，基坑北侧地面沉降的六个监测点于 2010 年 5 月 22 日—7 月 12 日 7:00 被覆盖，没有实施监测。此后，监测点上的车辆和土方清理后，开始恢复监测地面沉降数值。7 月 11 日上午发现基坑北侧地面出现不规则凹陷，凹陷面长约 10 m，宽 2～3 m，最深处沉降约 200 mm，且基坑东北阳角处有裂缝。针对此情况，同日 11:40，项目监理单位组织项目建设、施工、第三方监测等单位召开专题会议，会议决定采取加强监测频率等措施。7 月 14 日 00:00—14:00 地表沉降 16.95 mm，地表累计沉降值达到 312.20 mm。7 月 14 日 10:30，建设单位组织施工、监理、第三方监测等单位再次召开专题会议，会议决定继续采取加强监测和抢底施工等措施。在 7 月 14 日 12:00—16:42 事件发生期间，该支撑轴力急剧减少了 256.58 kN。7 月 14 日下午，项目部安排作业人员继续到基坑底部中间段北侧进行施工作业。16:42，基坑中间段东北角上层两根钢支撑与下层四根钢支撑发生坠落，在基坑底部作业的部分施工人员被砸。支撑坠落图如图 3.51 所示。

图 3.51　支撑坠落图

直接原因：

(1)违章指挥冒险施工、基坑钢支撑的施工不符合设计要求，是造成事件的直接原因。从 2010 年 7 月 11 日发现地面沉降到 2010 年 7 月 14 日风险事件发生，施工、监理、监测等单位均违反有关规定，在基坑存在明显风险隐患的情况下，施工单位仍指挥工人冒险作业。

(2)事发部位基坑钢支撑支护体系施工质量存在严重缺陷。

(3)该节点基坑结构复杂，存在多级错台及阴阳角，本身风险等级较高。

(4)近期地表降水量较大，地表下为松散填土，其下黏性土层不利于雨水的及时疏排，形成滞水，增大了围护结构受力。

(5)基坑北侧地质复杂，进行过多次的地下管线改迁，并可能留有残存的地下管沟及废弃的泥浆池。

间接原因：基坑施工相关各方管理不到位，是导致事故发生的间接原因。

(1)施工管理存在严重缺陷。施工单位对基坑事发部位支护体系存在的质量缺陷监督检查不到位；施工单位聘请的监测单位与建设单位聘请的第三方监测单位为同一单位，导致监测数据监督机制缺失；施工单位对监测数据长期的缺失、断档，未采取有效措施；基坑北侧地表长期堆土和停放重型机械设备，基坑载荷过重的风险隐患未排查整改；基坑出现险情后，未按照相关要求及时停止施工作业。

(2)施工监理不到位。对未按照设计方案施工的基坑钢支撑结构体系没有实施有效监督和现场验收;对基坑北侧载荷长期超限以及部分监测点的监测数据长期缺失、断档等隐患未实施有效监理;在基坑地面出现凹陷、裂缝、渗水和监测数据超红色预警值等危险情况后,未按规定下达停工指令、组织专家论证。

(3)监测管理存在严重缺陷。未按照监测方案要求,对钢支撑初始安装时的轴力实施监测;未对基坑北侧桩体位移情况实施监测,在长达50天的时间内未监测基坑北侧地表沉降情况;在承接了第三方监测任务后,未及时终止与施工单位的施工监测合同,所派的施工监测组和第三方监测组人员职责不清;2010年7月12日,在基坑地表沉降值和沉降速率均超过红色预警值的情况下,未发布红色预警信息;未能严格落实监测数据报告和审核制度,事发当日桩顶位移、地表沉降速率和钢支撑轴力等监测数据发生急剧变化后,未及时报告参建各方。

(4)建设单位在基坑地表沉降值和沉降速率均明显超过红色预警值,以及地面出现裂缝的危险情况下,未督促监理单位下达停工指令。

经验教训:

(1)钢支撑必须设置安全可靠的防坠落措施。

(2)斜撑必须设置牢固有效的抗剪措施。

(3)必须重视并及时进行监测报警,并严格按照预警预案措施执行。

**案例17** 未通风便贸然进入封闭空间

2022年6月25日9:40左右,位于某村中河东侧的地铁11号线一期工程9标段出入段线施工现场,施工承包单位委托劳务分包单位在进行污水井维修作业时,1名工人进入污水井内进行堵漏作业,因硫化氢中毒晕倒,3名工人先后下井施救,其中2人因硫化氢中毒晕倒,1人受伤。事件共造成3人死亡,1人受伤,直接经济损失488.9万元。

总结:现场管理不到位,技术交底流于形式。在有限空间内进行作业时,应严格遵守“先通风、再检测、后作业”的原则,发生事故禁止盲目施救,以防后果扩大。

### 3.3.11 风险因素十一:变更方案研究深度不够

**案例18** 围护桩侵入既有区间管片

2019年11月15日,某市地铁9号线车站G号出入口因方案变更引起底板局部下沉加深 5 m,随基坑深度加深调整后的围护桩与已贯通、未运营的地铁18 号线盾构区间管片竖向净距 0.3 m,施工现场因施工误差控制不当,导致G 号出入口围护桩施钻期间侵入 18 号线管片结构,引起管片破损,深度达16 cm,管片内部开裂。

事发后,施工方负责任地主动提出管片修补方案,并协调各方在 40 天内完成了管片修补。围护桩与管片位置关系图如图 3.52 所示,图中数据的单位为 m。

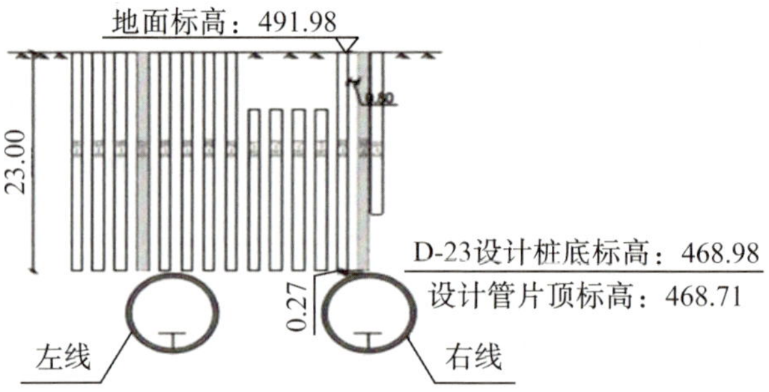


图 3.52　围护桩与管片位置关系图

原因分析：

(1)设计方案变更研究深度不足,未核实基底下既有盾构隧道标高;设计人员经验不足,对方案变更引起的连带方案调整缺乏风险判别。

(2)施工单位施工误差较大,现场安全质量管理不到位。

处理措施:人工挖孔至管片破损处,破除 9 号线围护桩;对 18 号线管片进行修补,焊接破损钢筋,恢复混凝土结构。

### 3.3.12　风险因素十二:格构柱设计不合理遇地面超载

**案例 19**　地面超载过大,格构柱强度不足

某市 2 号线与 1 号线形成 L 形换乘站,整个物业开发区域(含 7 号出入口)为地下一层结构,共有 6022 $m^2$,均采用盖挖逆作法施工。施工围挡外结构顶板覆土至机动车路面标高,约 3.6 m,施工围挡内顶板覆土为 1 m。物业开发围挡内采用格构柱的竖向支撑体系,围挡外采用格构柱＋临时钢管撑的竖向支撑体系。

2019 年 12 月 12 日 21:52,地铁 1 号线和 2 号线外的配套物业开发施工现

场发生约 500 $m^2$ 地面塌陷事件，造成埋设在道路中的自来水管、污水管和雨水管破裂，水流涌入地铁 1 号线和 2 号线车站，途经现场的两部轿车滑入，车上人员自行安全撤出，事件未造成人员伤亡，地铁 1 号线 5 个站点出现短期停运。事件直接经济损失约 892 万元。物业开发关系图如图 3.53 所示。

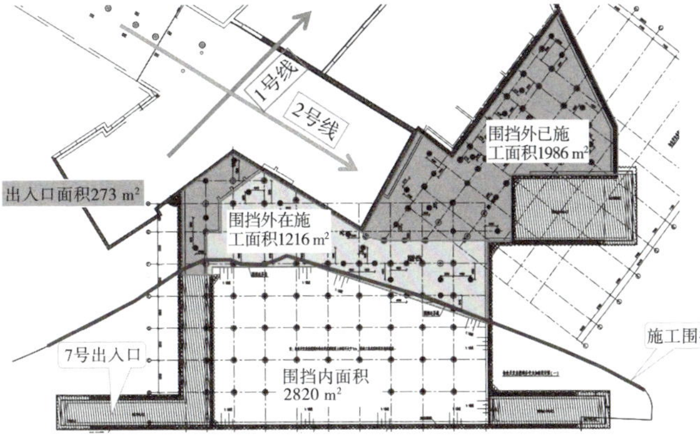


图 3.53　物业开发关系图

12 月 12 日 15:00，施工现场照片反映：现场坍塌区域土方开挖工作已经全部完成，正在进行垫层施工，局部区域底板钢筋已经绑扎完成。现场照片如图 3.54 所示。

图 3.54　现场照片

直接原因：围挡内顶板实际覆土厚度约 3.6 m，远超设计允许的覆土厚度（应小于 1.0 m），临时格构柱超载。围挡外顶板下方增设的临时钢支撑设计采用天然独立基础，设计时地基承载力未经验算且基础尺寸明显偏小，无法与采用桩基础的临时格构柱等共同承担竖向荷载。

间接原因：

(1)设计文件未对涉及施工安全的临时钢支撑设置时间、土方开挖允许的空间范围提出要求；设计文件中临时钢支撑设计采用的天然独立基础未进行地基承载力验算即通过施工图审查。

(2)设计变更参建各方管理不到位，施工专项方案新版图纸未及时调整，坍塌区域部分临时钢支撑未及时设置。

(3)深基坑开挖施工前条件核查未严格按规定执行。

物业开发区图纸送审情况：

(1)第一版蓝图送审时间为 2014 年 7 月，经总体审查后，同月完成车站附属结构施工图出图。临时立柱在蓝图中明确采用 200 mm×200 mm×20 mm 的角钢，但具体格构柱尺寸未明确。

(2)第二版蓝图送审时间 2016 年 5 月，为车站附属结构变更设计四。本次变更主要由于消防疏散等原因，对物业开发面积进行调整。总体完成图纸审查并出具总体审查意见，事发后，据工点院反馈，由于物业后续又增加新的变更，故此版变更图最终未正式出图。

(3)第三版蓝图送审时间为 2019 年 3 月，为车站附属结构变更设计十。此次变更主要对围护桩间止水方式、放坡开挖坡面处理措施及 7 号出入口先行施工等内容进行了调整，但蓝图中修改了围挡区域内顶板覆土厚度及临时立柱尺寸。经总体审查后，于 2019 年 5 月完成出图，而现场已于 2018 年按 2014 年的施工蓝图完成物业区顶板、立柱、桩基的施工。

总体审查意见情况：第二版蓝图的总体审核意见中明确要求补充完善逆作顶板段基坑的验算、逆作结构区域的立柱及立柱桩的计算；同时也要求工点设计单位补充逆作结构平面布置图，明确各施工段结构的连接方式及逆作顶板上覆土的恢复要求。第三版蓝图送审时，现场已完成逆作顶板、格构柱及立柱桩的施工，故总体意见只针对该次出图变更的部分进行审查。

现场施工服务：2015 年 7 月 25 日，总体院组织工点院去车站巡查，发现车站在换乘节点处基坑边堆有大量从基坑内挖出的渣土，堆载在物业开发区域。总体院要求工点院当日发出联系单，卸载基坑外的堆土，保证基坑的受力安全，且后续渣土不得在基坑边上大量堆载。2017 年 3 月 22 日，总体院组织工点院去车站盖挖逆作段巡查，发现现场存在顶板堆土过高、格构柱垂直度偏差较大、格构柱下桩基浇筑过高等施工问题。总体院要求工点院当日发出施工配合联系单，要求施工单位在车站盖挖逆作段均注意此类问题，并提出相应的整改措施。

总结：

(1)设计人员应加强对盖挖逆作法临时立柱支撑体系受力的认识，严谨计算。

(2)专业负责人应加强图纸和计算书质量把控，认真履行交底流程和现场施工配合。

(3)复核、审核人员应加强审查，不应流于形式。

(4)施工交底中不能更改蓝图中涉及结构安全的任何参数。

(5)总体组应加强设计流程管理和设计现场服务的意识。

### 3.3.13 风险因素十三：地下连续墙搭接处渗漏

**案例 20** 出入口新老地下连续墙搭接处渗漏

某市 15 号线某明挖车站 11 号出入口及 6 号风亭位于车站主体结构西北角，围挡东侧、南侧紧邻市政道路，2020 年 4 月 20 日主体结构施工完成。附属基坑尺寸为宽 16 m，长 70 m，深 18 m，基坑围护为 800 mm 厚地下连续墙，墙深 36 m，东侧与主体围护共墙，土方量为 16000 $m^3$，共有 2 道混凝土支撑、3 道钢支撑，待结构底板回筑完成后凿除洞门。

接缝处主体地下连续墙于 2018 年 7 月 22 日施工，设计槽深 59 m，槽宽 5.5 m，地下连续墙厚度 1.2 m。施工阶段因附属结构方案未确定，主体地下连续墙围护设计为平接头。附属结构地下连续墙于 2021 年 1 月开始施工。2021 年 2 月 2 日，完成接头处附属地下连续墙施工，设计槽深 35 m，槽宽 4 m，地下连续墙厚度 0.8 m。2021 年 3 月 18 日，在接缝外侧施工 5 根旋喷桩用来加固。基坑开挖前，对同批次北侧阴角加固体进行了取芯检测，检测结果强度符合设计要求。

2021 年 3 月 26 日附属基坑开始进行土方开挖，接缝处基坑内侧在基坑开挖的同时进行钢板焊接封堵，钢板宽度 80～100 cm，与地下连续墙焊接连接。开挖过程中未发生异常情况，2021 年 5 月 2 日底板混凝土浇筑顺利完成。2021 年 5 月 16 日完成主体门洞切割工作，切割门洞前在主体靠近门洞位置砌筑 30 cm挡水坎，并采用彩钢板从上至下隔离。附属结构施工过程中，第三方监测单位已对基坑周边环境及管线进行了监测布点，其中管线监测采用间接法，未设置管线直接监测点。地下连续墙施工期间，污水管位移、雨水管位移、地表沉降、侧斜孔位移、墙体累计位移等数据正常无报警。

2021 年 5 月 20 日 8:15，在该站 11 号口东南角接缝地下 6 m 处发现有渗漏点，刚开始水量较小，施工方马上组织人员及设备进行堵漏，后来泥水冲破封堵钢板滑入基坑内，大量淤泥及污水从围护接缝处涌入，涌入的淤泥堆高最高处达到 1 m，污水漫过洞口原来设置的 30 cm 挡水坎，流入车站地下二层(非运营区域)，通过站内消防楼梯进入 7 号线轨行区，造成轨行区积水。现场渗漏图如图 3.55 所示。

图 3.55　现场渗漏图

处理：

(1)市政配套单位用气囊封堵破损的雨、污水支管。

(2)接缝处强焊封堵钢板，坑外进行聚氨酯注浆。

(3)坑内加高挡土墙、抽水。

(4)7 号线紧急停运，组织对进水设备进行维修。

原因分析：

(1)主体地下连续墙存在鼓包，但由于工期及场地原因，现场不具备全回转清障条件，附属地下连续墙无法紧贴主体地下连续墙，导致了围护结构接缝存在缺陷，接缝处阴角加固 5 根旋喷桩的施工也受到鼓包的影响，施工质量也存在缺陷。

(2)封堵钢板仅采用了常规焊接，并未加密焊接固定，导致突发水土压力冲破围护接缝的防线。

(3)门洞处已设置的 30 cm 雨水挡墙高度不够，当基坑内大量水土涌入时，土方没过 30 cm 挡水坎，导致此挡水坎无法起到阻挡作用，水沿土面进入附属结构内部，10 cm 液位泵也因挡水坎失效、未形成集水效果而无法启用，导致污水经设备层流入轨行区。

(4)雨、污水支管管道为承插式高密度聚乙烯(HDPE)橡胶双壁缠绕管，该处道路有重载车辆进出。由于污水支管为倒虹管，一旦土体流失，雨、污水支管容易脱管，导致主管内水源涌入支管，引起水土压力异常升高，围护接缝封堵钢板焊接滑脱，导致大量淤泥、污水从新老接头接缝处涌入出入口中。

经验总结：加强在建工程与地铁营运区域施工安全。

(1)所有车站开门洞处的挡水坎至少 40 cm 高，现场应配备大扬程、高流量潜水泵的抽水设备(高扬程污水污物潜水电泵，扬程 65 m，流量 30 $m^3/h$)。

(2)新老地下连续墙搭接处应预设一根坑外垂直应急注浆管。

(3)开挖过程中围护缝隙用钢板封住。

(4)附属结构内应强化明排水措施。

(5)老地下连续墙有鼓包时应先清障，新地下连续墙施工时质量才有保证。

(6)要排查坑外和水有关的管线并有保护和应对措施。

**案例 21** 底板地下连续墙接缝多处渗漏

某市三层车站临近马路，距既有建筑物仅 10 m。2019 年挖到底板，靠近围护结构一侧的格构柱和钻孔灌注桩底部渗水，采用插管及回填土进行反压，并用半吨聚氨酯进行封堵。格构柱底部渗水情况如图 3.56 所示。

图 3.56　格构柱底部渗水情况

2 小时后发现靠近地下连续墙处发生渗漏，判断地下连续墙也有缺陷而引起渗漏，采用挖机捣土进行反压。准备进行坑内插管注浆，坑外则在接缝往外 1 m位置引孔注浆。由于坑内回填不规范，用散土回填且高度和面积不够，外面阿塔拉斯设备引孔空气压力将渗漏处进一步击穿，渗漏加大，于是停止钻孔，重新组织人员进行袋装土回填。

回填高度不够，未起到反压作用，导致现场冲出来大量聚氨酯。先放好引流管及注浆管，覆盖棉被，将袋装土一层一层叠好，中间空隙撒上水泥或放置棉被等，高度一般到上道支撑处。最终通过在底板下 3～10 m 进行坑外垂直聚氨酯注浆，渗漏得以控制。考虑到聚氨酯后期会收缩，不密实，后改成双液和单液注浆，但该操作过程是在原先注的聚氨酯管上压注双液浆，结果压力大又重新将堵住的通道击穿，导致出现渗漏。只能重新引孔进行聚氨酯压注，控制住渗漏。调整后再改成双液和单液注浆。

经验教训：

(1)反压或回填前一定要先考虑好泄压管和注浆管。坑内回填应采用袋装土、袋装水泥等，预埋多根引流管，中间可撒水泥和铺棉被等，达到一定的高度(至少到上道钢支撑的高度)，堆成鱼鳞状，同时引流要规范。

(2)选择合适的引孔钻机或先用阿塔拉斯设备上部引孔，再换水力钻机，减少空气压。

(3)现场应统一指挥。

(4)严禁在压过的聚氨酯孔内进行其他浆液高压注浆。

(5)对环境保护要求高的可在外侧接缝处预埋注浆管或降水井,这些注浆管或降水井平时作为水位观察孔等应急措施。

(6)加强坑内降水。

(7)处理孔内遗留废弃障碍物时,挖到一定的深度后,应先准备好插管或预留插管,尤其是雨季,应对突发渗漏。

(8)临近马路时,施工过程中及时进行封道、围挡、对建筑物管线进行监测和地面沉降注浆控制。

**案例 22** 共用地下连续墙处发生渗漏

某市 A 站紧贴 3 号线已运营的车站,与已运营站共用 274.5 m 地下连续墙。A 站由西向东划分 3 个基坑,分别是 B 基坑(共用地下连续墙段 89.5 m)、A 基坑(共用地下连续墙段 153 m)、C 基坑(共用地下连续墙段 32 m)。

共用 3 号线原围护结构地下连续墙设计墙厚 800 mm,标准段墙深 29 m,端头井墙深 32 m,墙址位于粉质黏土层。地下连续墙接头为柔性锁口管接头,局部铺盖段采用 H 型钢接头。对于在建线,设计于每个地下连续墙柔性接缝处施作两根直径 800 mm 高压旋喷桩,深度为坑底以下至地下连续墙底部。西端头 B 基坑土方已开挖 60%,在开挖过程中已发现三处孔洞。

(1)2020 年 6 月 17 日 14:30,该站 B 基坑开挖至 9～10 轴第四道支撑底部,掏槽检缝时(开挖地面以下深度 11.6 m,基底剩余土层厚度 5.6 m),在共用地下连续墙第 9 轴东侧地下连续墙接缝处出现漏水现象,接缝处孔洞尺寸约 250 mm×3500 mm,涌水量约 5 $m^3/h$。该站负二层底板与 3 号线对接段出现了渗漏水,将底板后浇带清理后,剥开 3 号线地下连续墙渗漏水接缝,出现了一个大的夹砂空腔。地下连续墙渗漏水图如图 3.57 所示。

图 3.57　地下连续墙渗漏水图

(2)2020 年 6 月 27 日 9:30,该站 B 基坑开挖至 7～8 轴地面向下 9.2 m 的地下连续墙接缝处,发现孔洞,尺寸约 500 mm×2000 mm,有轻微渗水情况,现场及时封堵处置。

(3)2020 年 6 月 30 日 15:00 左右,在基坑 12 轴挖至基底后,发现 3 号线共用地下连续墙距离基底约 1 m 接缝处存在漏水现象,水流量较小,项目部采用双快水泥进行封堵,并水平在侧边钻孔,同时紧急安排人员进行注浆封堵。当晚 22:00 左右,在注浆封堵时,此处突然出现较大涌水,涌水量约 7 $m^3/h$。项目部及时组织人员引排涌出的清水。目前计划对漏水点进行水平注浆(双液浆),并顺地下连续墙接缝基底下方斜插注浆管进行加固注浆处理,防止该部位基底出现突涌。地下连续墙突涌图如图 3.58 所示。

图 3.58　地下连续墙突涌图

原因初步分析：3号线该处地下连续墙接头为锁口管接头。根据现场探挖情况，3号线地下连续墙锁口管接头接缝不密实，地下连续墙接缝存在不确定性孔洞及漏缝。3号线车站底板位于粉砂夹粉土层，富含微承压水，基底微承压水与围护结构缝隙水相联系，从围护结构孔洞及漏缝产生涌水。

现场处理措施：A站与3号线已运营车站紧贴，持续渗漏水影响3号线基底土体稳定性，引起进一步的运营安全风险隐患。为保证基坑安全，防止加剧对3号线车站的影响，采取了如下堵漏措施。

(1)沙袋回填反压，并埋设注浆管。在用木楔加棉纱楔紧漏水孔洞的同时，预埋引流管，将渗漏水引排至疏干井及临设集水井内进行抽排。

(2)预埋水平注浆管。

(3)从漏水接缝左右两侧向下1 m处，两侧各进行直径35 mm钻孔，观察明水渗流情况，预埋球阀注浆管；向上1 m处，左右再钻孔预埋注浆管；由下向上从左右两侧各4个注浆孔进行聚氨酯堵漏。

(4)堵漏完成后对空腔部位进行基面凿除、挂钢筋网片，靠模浇筑混凝土，找平补强。

后期施工增加钢支撑伺服系统措施：

(1)在建线A站与3号线共用地下连续墙段，设计采用2道钢支撑伺服系统(第三道和第四道)。基坑第五道支撑位于粉砂夹粉土层，该层土体为富水微承压水层，土层稳定性差，发生渗漏水时极易液化，建议增设第五道支撑轴力自动伺服系统，以备不利工况下，适时持续对3号线地下连续墙施加应力，保证钢支撑轴力不损失，防止地下连续墙变形影响3号车站主体结构，从而影响行车安全。

(2)基底土体加固措施：对靠近3号线地下连续墙漏水接缝的土体进行直径800 mm三重管高压旋喷桩加固，加固范围6 m×12 m，加固深度为渗漏水开挖面至底板垫层以下6 m，基底以上开挖面水泥掺量100 kg/m，基底以下水泥掺量300 kg/m。

(3)垂直及水平注浆堵漏措施：在目前渗漏水状况下，采用人工回填沙袋，层层堆码，沙袋堆码高度超过渗漏水点，形成一个相对稳定的平台。沙袋堆填范围10 m×10 m×3 m。沙袋堆填时每层铺上干水泥，靠地下连续墙漏水侧间距0.5 m，预埋垂直注浆管，组织垂直注浆，通过垂直注入双液浆，把漏水点连同沙袋凝固成一个整体，促使浆液沿漏水道流进地下连续墙空腔处，实现渗漏水封堵。然后从上往下，逐层剥开凝固体，剥一层凿开一层，对地下连续墙孔洞进行观察，并进行二次水平注双液浆，完成后在地下连续墙上焊接钢筋网片，用快硬水泥把钢筋网片塞实抹平，保证封堵强度。

(4)斜向基底注浆堵漏措施：为防止从基底开挖面及下部漏缝涌水、3号线基底土层流失而造成3号线车站下沉、变形过大，提前从目前开挖面斜向向3号线车站底部进行钻孔埋设球阀注浆管，对3号线车站基底土层进行注浆加固，可先采用注聚氨酯封堵漏水点，再进行双液浆加固。斜向注浆管角度25°，水平间距0.6 m，沿漏水接缝中心开始向两侧布设，布设范围为漏水接缝两侧各3 m，共计13根注浆管。

基底斜向注浆施工注意事项：

(1)施工参数：

①采用P.O42.5普通硅酸盐水泥，水玻璃模数2.4～3.4，波美度30～40 °Bé，注浆材料采用双液浆即水玻璃＋水泥浆。

②水灰比为1.3∶1，水玻璃与水按1∶2进行稀释，水泥浆与水玻璃体积比为1∶1。

(2)施工方法：先两侧、由边向中。

①施工准备：根据现场实际情况，搭设钻机平台，保证平台强度以便立钻打孔，确保施工安全。

②标定孔位：施工前测量组将开孔位置用红油漆标出。采用罗盘确定注浆外插角，调整钻机满足设计钻孔方向要求。

③开孔：钻机采用低压力、慢钻速，采用直径89 mm的钻头开孔。

④注浆孔钻进：钻进前必须在孔口管上安装高压球阀，在高压球阀上安装防喷装置后才允许钻进；钻进时采用钻杆尺寸为50 mm×1000 mm，钻头为合金钢，钻头直径为65 mm，采用MD-60A型锚杆钻机钻孔。

⑤注浆施工：注浆时，严格控制浆液浓度及压力，根据压力变化，及时调整浆液浓度。注浆以注浆压力控制为主，首先采取低压力中流量注入，注浆过程中压力逐步上升，流量逐渐减少，当压力升至注浆终压时，继续压注5 min，即可

结束注浆。注浆时通过控制注浆压力控制注浆量。当注浆压力较小而注浆量较大时增大水泥浆的浓度，直至终压达到 2.5～3.0 MPa。注浆压力与地层的密度、强度、钻孔深度及注浆次序等因素有关。根据现场钻探结果，端头位置所处的地层主要为砂层，考虑到注浆管压力损失及现场试验结果，暂定注浆压力控制在 1.0～1.5 MPa，容许最大注浆压力为 2.0 MPa。

# 第4章 轨道交通区间隧道主要风险分析

## 4.1 盾构始发、接收风险

盾构最大风险源于始发、接收和停机。据相关统计数据显示，始发、接收和停机三个阶段发生的事故约占全部事故的90%。端头加固是盾构始发、接收中关键措施，通过改善地层的渗透性、承载力，在盾构低压、无压状态下能够顺利始发或接收。特别是在松软土地铁隧道施工中，选择的加固工艺和加固质量的好坏直接关系着盾构始发、接收的安全，须引起设计、施工各方高度重视。

图4.1 钢套筒接收图

目前常用的端头地层稳定技术有井点降水法、冻结法、劲性水泥土搅拌连续墙施工法（SMW工法）、混合搅拌壁式地下连续墙施工法（TRD工法）、水中接收等，常用的端头地层结构设施有高压旋喷桩、深层搅拌桩、钻孔灌注桩、钢套筒、泡沫混凝土箱体等，实际工程中往往组合使用。钢套筒接收图如图4.1所示。

在富水砂层中或周边环境复杂时，仅依靠传统的洞门橡胶帘布板和洞门压板对洞门进行密封会导致涌水涌砂等风险事故发生较多。在盾构进出洞时，采用钢套筒可有效地避免此类风险。钢套筒主要质量控制要点如下：

（1）盾构机接收钢套筒未焊接在环梁上或焊接不牢固，可能导致盾构接收过程中连接面脱开，使钢套筒失效。凿除洞门必须在钢套筒安装好后进行。

（2）接收钢套筒填充物应满足要求。若填充物为硬质砂浆，导致盾构推力过大，使得套筒连接断裂，导致钢套筒脱离失效。

（3）钢套筒接收后，脱离前应注意：①需要注浆形成环箍。此时管片如仅有一个注浆孔是难以完成闭环的，需要加密注浆孔。②管片轴向应力的松弛将导致最后几环环缝张开，从而发生泄漏。常规做法为采用型钢纵向拉紧，而采用预应力拉索拉住效果更佳。

（4）作为结构性渗漏水通道的管片接缝需安全可靠，在盾构完成接收前必须拉结补强，必要时施加预应力。

盾构水中接收优点：在富水砂层或者周边环境复杂时，因接收井内外存在压力差，盾构接收时洞门会出现漏水涌砂现象。通常接收井回填水深度达到地下水位以上，使接收井内外水土压力平衡，确保盾构出洞接收时洞门不发生漏水涌砂事故。水中接收图如图 4.2 所示。

图 4.2　水中接收图

盾构水中接收缺点：该方法因在水下接收，所以对盾构机脱离洞门前密封、姿态控制及接收托架固定要求较高，且只适合在封闭基坑中实施。

下面介绍一个盾构水中接收的处理案例。

盾构始发接收与洞门密封装置相辅相成，常用的洞门密封装置有单、双帘布橡胶板＋铰链板，环板或盾尾刷，小型钢箱体，气囊，反袜套，简易钢封门，长套筒，短套筒，玻璃纤维墙，泡沫混凝土等。在现场盾构接收中，现场工人发挥聪明才智，也想到了很多方法，如布设反帘布拉紧装置、海绵、海带等。海绵和海带如图 4.3 所示，短套筒接收图如图 4.4 所示，增设气囊圈图如图 4.5 所示。

图 4.3　海绵和海带

图 4.4　短套筒接收图

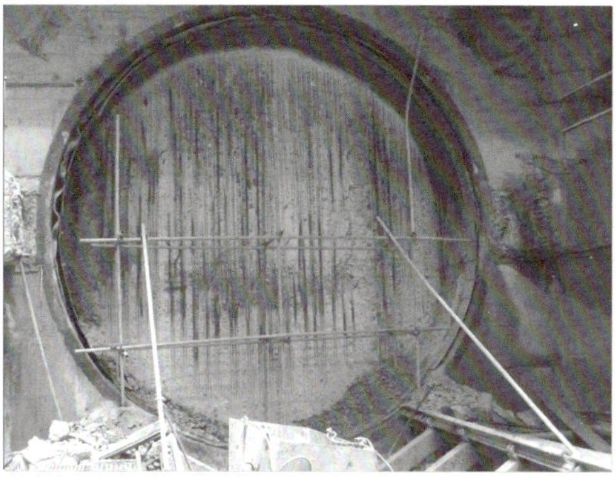

图 4.5 增设气囊圈图

由于洞圈与盾构壳体间存在间隙，为了防止盾构进洞时水土从该间隙中流失，首次在洞圈上安装密封气囊。另外在工作井一侧挡板上预留 7 组注浆管，如气囊存在问题，立即采用充膨润土浆液的方式使得橡胶板隆起，与盾壳紧密接触，起到阻止泥砂泄漏的作用。先在洞圈中心的两侧焊接两道高 12 cm 的挡板，挡板间距 45 cm。挡板焊接螺栓用来固定橡胶板和铁板。两侧挡板之间焊接螺栓来固定气囊。气囊安装图如图 4.6 所示。

图 4.6 气囊安装图

洞圈共设置 6 只气囊，每只气囊设置 2 只打气孔。洞圈上和两块挡板之间钻孔安装充气管、充气囊。洞圈和盾构之间单侧间隙是 21 cm，气囊膨胀高度 45 cm 以上，能充分填充洞圈与盾构之间的间隙。气囊上用厚 5 mm、宽度 1 m 的橡胶板盖住，两头固定在挡板两侧，用来保护气囊。靠土体一侧橡胶板外侧再设置 3 mm 厚钢板来盖在橡胶板上，单块尺寸 47 cm×60 cm，防止进洞时盾构刀头铲坏橡胶板。

若洞圈密封止水装置不强大，一旦密封失效且处置不当，后果严重。对于软弱地层，作为应急措施，可在盾构加强环梁中预埋应急注浆管，一旦发生突发事件，可以用其争取时间，有效控制涌水涌砂。应急注浆管如图 4.7 所示。

图 4.7　应急注浆管

洞门凿除过程中一旦出现渗漏，只能从正面封堵。同时排查重要管线，在地表进行标注，地面上有条件或洞圈水平时应预先插好应急注浆管，在满足条件的情况下进行降水。渗漏处理图如图 4.8 所示。

(a)盾构始发端正面封堵图

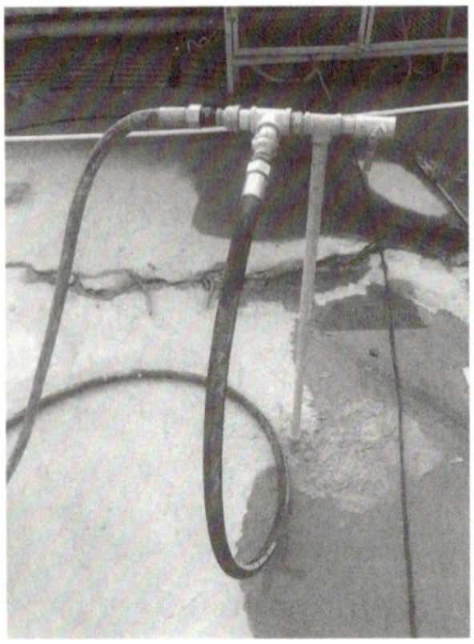

(b)应急注浆管

(c)降水图

图 4.8 渗漏处理图

**案例 1** 端头加固效果不满足要求

某区间在洞门第二层破除完成后，开始割除最里侧一排钢筋，在钢筋割除过程中洞门发生局部坍塌，坍塌土体主要在高压旋喷桩加固范围内。

原因分析：

(1)端头井地下连续墙塌槽鼓包导致局部高压旋喷桩无法实施，坍塌发生于加固区域与地下连续墙之间的未加固缝隙处。

(2)始发端地层为淤泥质及粉质黏土为主，具有高流变性，自稳性差。由于该处土层及三轴搅拌桩加固质量较好，未发生整体坍塌。

总结：

(1)传统盾构井端头加固往往采用三轴搅拌＋高压旋喷组合形式，但因受场地、地下连续墙实施质量等诸多因素影响，难以形成全封闭加固体。作为盾构进出洞成功与否的关键，端头加固的质量至关重要。富水粉细砂层的端头加固质量的控制尤为困难。对于未能形成有效加固的，可以采取降水、水平加固等方式，及时形成始发区域的全封闭加固体。

(2)在端头加固存在不稳定因素时，如已预留钢纤维地下连续墙，可考虑选用带尾刷的短套筒磨墙始发，规避地下连续墙在凿除过程中加固体失稳风险。短套筒磨墙始发图如图 4.9 所示。

图 4.9　短套筒磨墙始发图

**案例 2**　端头加固长度不足

某市轨道交通工程盾构接收站位于某河道边，河道宽度为 37.5 m。车站基坑端头距离河道仅 8 m，盾构全长 9 m，扣除施工作业空间，实际盾构接收端头加固长度仅为 3.5 m，最后造成河水倒灌车站。接收站与河道关系图如图 4.10 所示。

图 4.10　接收站与河道关系图

总结：

(1)端头加固长度宜大于盾构机长度至少 2 m。

(2)地表无加固条件时，应考虑采用降水、水平注浆、水平冻结、钢套筒、泡沫混凝土箱体、水中接收等方式或设施。严禁措施不足时盲目接收。

(3)盾构接收时须将刀盘顶到围护结构，确保土仓无渗漏后才能凿除洞门。

**案例 3** 盾构接收加固体失效

某区间盾构接收已进入加固体掘进时，发生土压升高情况，且螺旋机存在漏水现象。待盾构机刀盘抵靠至地下连续墙后，接收井 2 号、4 号、5 号观察孔开启，有大量水涌出。已布设降水井存在部分失效情况，事发时该处水位已高于洞门底部 5 m。

原因分析：

(1)该接收端底部位于含承压水粉砂层中，在地下连续墙及端头加固过程中击穿含承压水粉砂层，但端头加固体质量不够好，未达到隔水的效果，最终导致承压水涌入车站。

(2)盾构掘进扰动破坏了原有地层结构，使得粉砂层与盾构机掌子面直接出现渗水通道。

(3)起作用的降水井数量不足，无法将水头降至洞门之下。

处置措施：

(1)开设洞门水平注浆孔，进行洞门大范围水平注浆。

(2)二次开设洞门探孔，观测洞门漏水量。

(3)增加降水井，降水降压。

(4)对地表、周边建(构)筑物情况进行加密监测。

(5)待洞门情况稳定后再凿除地下连续墙。

**案例 4** 盾构接收凿除洞门时渗漏

某工程中间盾构工作井结构净空长 25 m、宽 55 m、深 40.6 m，为左右线共井结构，中间设置 1 道中隔墙。围护结构采用地下连续墙，厚度 1.5 m，深度 73.4 m。中间井段隧道底埋深 36.5～37 m。接收端地质较差，掘进断面内地层分布自上而下依次为细砂、粉土、细砂、粉土、细砂，其中加固区上部为粉细砂，下部为粉质黏土。盾构接收段地下水常水位位于地下10 m。井南北两侧设置端头加固区，加固形式采用"封闭式素砼地下连续墙＋超高压旋喷桩"形式，加固区长20.8 m，深度到隧道以下6 m，加固区底部为粉质黏土隔水层。

2022年8月20日，刀盘抵达第一道素墙，推进速度由25～30 mm/min降低至5～10 mm/min，刀盘转速由1.2 mm/min降低至0.8 mm/min并稳速推进。盾构推进速度和扭矩曲线图如图4.11所示。

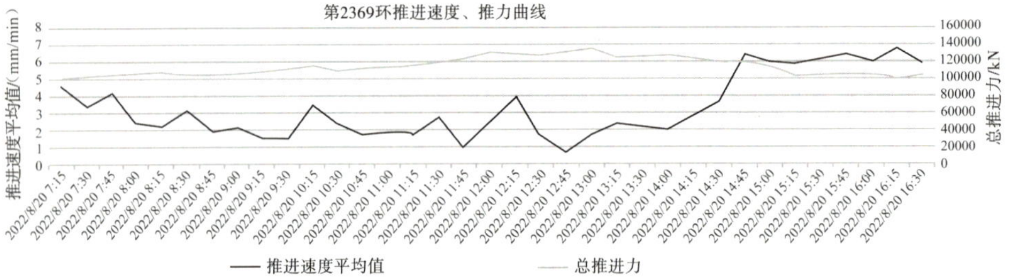


图4.11　盾构推进速度和扭矩曲线图

洞门采用破碎机破除，结合人工割除洞门钢筋，破除完成后联合建设、监理、设计、施工单位现场验收。端头加固区共施工13口应急降水井，其中加固区内6口疏干井，加固区外7口减压井，目前均处于正常开启抽水状态。由于加固区外2号井水位始终较高，因此在2号井西侧增加一口8号井，目前已经施工完成，正常开始抽水。

采用一台震动破碎机进行洞门破除，一台屈臂升降车进行人工割除洞门钢筋。洞门破除共历时18天，2022年8月30日正式开始施工，9月7日完成上部破除并拆除平台，9月10日破除下部，9月16日全部完成。洞门破除过程图如图4.12所示。

图 4.12 洞门破除过程图

盾构机抵达地下连续墙后停机，停机后将开挖仓及气泡仓内泥浆排空，然后将仓内降至常压环境。此时开启前仓门观察掌子面情况，发现刀盘右上角有一处流水通道，流水为清水，流量约 2 $m^3/h$，流量稳定。在加固区西侧增加 1 口降水井，正常抽水后，仓内流水量未出现变化，且持续为清水。洞门上部破除完成后，于 2022 年 9 月 6 日发现该渗漏点流量加大且出现流砂，随即在地面垂直钻孔，在盾构机内临近位置双路注入聚氨酯，共计注入 1.85 t(盾构机 1.25 t，地面 0.6 t)，流量逐步减小，且逐步变为清水，后续洞门破除期间流量均无变化且为清水。2022 年 9 月 16 日洞门破除完成后，盾构机开挖仓及气泡仓底部存有大量泥砂，安排人工对开挖仓底部的渣土进行清理，估算清理方量为 20～30 $m^3$。涌砂涌泥图如图 4.13 所示。

图 4.13　涌砂涌泥图

2022 年 9 月 18 日，2379 环开始推进后，推进速度控制在 10 mm/min，推力为 $1.2\times10^5 \sim 1.4\times10^5$ kN，掘进参数及盾构姿态正常。2379 环推进 20 cm 后，刀盘右上角渗漏位置流水量逐渐加大，且含泥含砂，随即在盾构机气泡仓内右上部位置开始注入聚氨酯，同时在地面垂直钻孔，深度 24～26 m，并垂直注入聚氨酯进行封堵，推进过程中持续注入封堵，直至 2379 环推进结束后，渗漏位置流水量逐步减小，含砂量逐渐降低。推进过程中注入聚氨酯 3.02 t(地面 1.22 t，洞内1.8 t)。漏水及封堵图如图 4.14 所示。

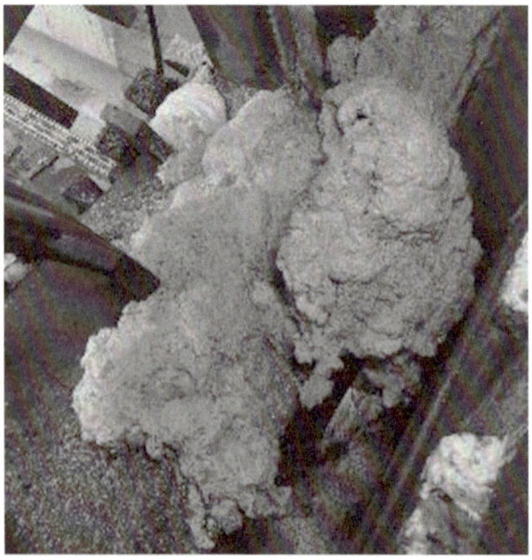

图 4.14　漏水及封堵图

刀盘上方有一个深度未知的空腔，继续推进则存在继续塌方的风险。为防止推进过程中对土体的扰动，于2022年9月19日晚对刀盘上方空腔由外置洞门环向内部延伸焊接角钢和钢筋，并在其上部放置钢筋网片和土工布填充封堵。空腔图如图4.15所示。

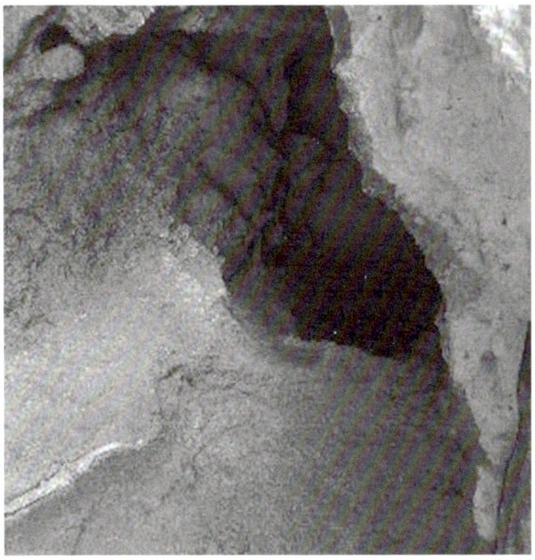

图4.15 空腔图

9月22日10:36—16:50，盾构机推进完成2380环，推进过程中右上部水流开始逐步加大，且水流逐步变浑浊，同时左侧中上部也开始出现新的流水点，此时在洞内右上、左上及洞外右侧同步注入聚氨酯进行封堵。

9月22日20:00—23:40，盾构机推进完成2381环，推进过程中右上部水流开始逐步增大，且含砂量增多，此时在洞内右上、左上及洞外右侧同步注入聚氨酯进行封堵。2380环～2381环共计注入聚氨酯11.35 t（地面1.85 t，洞门9.5 t）。

施工单位组织专家论证会，确定了风险处置方案。风险处置完成后，开始第二次复推，掘进至气囊位置后开始全面检查地表状况，在地表以下3 m位置发现钻杆有下坠掉落的现象，此时认定底部有空腔，于是停止钻进，人员撤离，地面注聚氨酯停止，全部采用盾构机内部注聚氨酯。空腔共填方碎石约225 $m^3$。9月22日20:00，2382环推进1 m，到达气囊位置，期间盾构机注入聚氨酯0.15 t。

9月26日19:00，盾构机盾尾脱出气囊1 m，具备焊接洞门二次密封钢板的条件，随即焊接洞门二次密封钢板。9月29日—9月30日，盾构机前移3 m到达停机位置。10月1日—10月15日，完成盾构机检修工作，包含盾尾刷更换、刀具更换、盾构机气泡仓内检修等，具备负环拼装条件。10月16日—10月18日，完成－9环、－8环拼装，具备盾构机前移及始发条件。

总结：

(1)高水压富水地质条件下，除冻结法以外的端头加固措施的止水性难以保证，应考虑辅助降水措施，确保加固区水位位于洞门底以下。

(2)洞门水平探孔检测是对加固区含水状态和水位进行的一种合理、必要的检测。

(3)洞门破除过程的渗漏水要高度重视，分析清楚水源和风险，做好应急处置，确保风险可控。

(4)采用机械法进行洞门破除效率更高，安全性更好，风险持续时间小，总体风险降低。

**案例5** 盾构始发凿除洞门时渗漏

某市轨道交通2号线一期工程某站位于两条市政道路交叉口，为地下两层岛式站台结构车站。2018年6月本站东端头井涌水涌砂。

本站东端头盾构始发井为地下两层钢筋混凝土结构，明挖顺作法施工；端头井结构内净空长15.1 m，净宽23.8 m，其中左线端头井净宽8.5 m。围护结构采用800 mm厚地下连续墙，始发井端墙厚度为800 mm，底板厚度为1000 mm。

端头始发加固采用直径850 mm、间距600 mm的三轴搅拌桩加直径800 mm、间距600 mm的三重管旋喷桩接缝，加固区长10 m，隧道边线外3 m、隧道顶4.3 m、隧道底下3 m为强加固区，水泥掺量20%，隧道顶4.3 m至地面为弱加固区，水泥掺量为7%。区间洞门上部位于$⑤_2$层粉砂、$⑥_2$层粉质黏土，中部及下部位于$⑥_3$层黏土层中，其中$⑤_2$层粉砂为承压水层，端头加固区北侧紧邻交改道路，道路下方管线密集。基坑(2层及以下，条形基础，深度1.5 m)北侧距居民村最近处14 m。既有管线各参数如表4.1所示。

表 4.1 既有管线各参数

| 序号 | 管线名称 | 型号尺寸 | 材质 | 埋深/m | 中心距地下连续墙距离/m |
|---|---|---|---|---|---|
| 1 | 给水管 | DN1600 | 铸铁 | 0.4 | 2.8 |
| 2 | 中压燃气管 | $\phi$200 mm | PE | 1.2 | 2.2 |
| 3 | 雨水管 | D800 | 砼 | 1.8 | 7.8 |
| 4 | 污水管 | D1200 | 砼 | 1.5 | 5.7 |
| 5 | 通信管 | 18孔$\phi$110 mm | PVC | 0.8 | 1.8 |

事件经过：该区间左线始发条件验收通过后，于2018年6月16日正式破除洞门，6月22日晚进行连续墙外侧钢筋剥除，19:20左右在最后割除11点处钢筋后，发现一孔洞有少量泥砂冒出，立即采用棉纱、快速水泥等封堵。6月23日12:00，发现周边路面发生开裂，探测后发现存在塌空现象。相关人员决定用盾构机直接顶进洞圈。由于部分脚手架无法拆除，造成帘布止水失效，于是通过盾构机前段胸板孔向土仓内注入聚氨酯，堵塞漏水通道。对盾体与洞口之间采用快速水泥进行封堵；在地面上靠近渗漏水位置采用钻机进行探孔，发现地面下7.5～9.5 m处存在高度约4 m的空腔。利用探孔埋设袖阀管对空腔位置采取聚氨酯、水泥浆＋水玻璃双液浆、砂浆＋水玻璃、C20细石混凝土＋速凝剂等方式进行填充回填。

2018年6月24日15:22，抢险完成，周边无沉降，洞门基本稳定，整个风险得到有效控制。6月27日00:00左右，应急抢险基本结束，洞门无漏水现象；地面空腔位置回填基本完成，累计回填120 $m^3$。6月27日上午发现孔内混凝土面突然下降约1.5 m。

由于部分钢筋未割除、存在部分脚手架并且刀盘正好在延伸导轨上，使盾构机无法正常推进，帘布止水装置又失效，决定冻结后将盾构机退出来，再进行其他处理。

针对洞门加固体渗漏水，拟采用地面垂直液氮快速冻结方式进行洞门区域加固。采用地面垂直液氮冻结的方案，冻结壁有效厚度取1.7 m，冻结范围取需破除洞门的左右各超出2 m，下部超出洞门边界2 m。计算求得需冻结土体体积为200 $m^3$。17个冻结管分成17组连接以保证冻结效果；液氮供应槽车设置在地面离冻结区域较近位置，利用 50 mm×4 mm 不锈钢管将液氮接至冻结工作面，进行冻结。共设置 2 个分配器，一个 9 组，一个 8 组，每个分配器分别使用一个液氮罐车进行输送冻结。

制冷设计：液氮冻结的关键环节为温度控制，根据以往液氮冻结的经验，液氮储罐出口的温度控制在 −170～−150 ℃，压力控制在 0.10～0.15 MPa 为宜，冻结管出口温度控制在 −70～−50 ℃，压力控制在 0.05～0.1 MPa 为宜，温度调节可使用液氮储罐上的散热板，压力调节可使用每组进路中的截止阀。

液氮需要量：

(1)冻结体积为 200 $m^3$，每立方米冻土约需液氮 2100 kg，则冻结区域总需液氮量为 200×2100=420000 kg。

(2)上部 7.8 m 冷量损耗率按 50%计，冻结体积为 140 $m^3$。

(3)维护冻结按 24 小时计算，每组每小时约 200 kg，共分 17 组，此次维护冻结暂定 6 天。维护冻结需液氮量为 24×200×17×6=489600 kg。

(4)初步估计液氮消耗量共 1056.6 t。

冻结时间估算：液氮冻结由于温度极低，冻土的发展速度也较快，根据液氮在冻结管中单位时间的蒸发量不同，冻土的发展速度在 1～5 cm/h，根据以往工程的施工经验，取冻土的发展速度为 10 cm/d。距此推算冻结壁交圈时间约为 $T=300/10=3$ d，与地下连续墙交接时间为 $T=600/10=6$ d，为确保效果，需冻结 7～9 d，再通过测温孔的测温判断，方可进行后继施工。

图 4.16　凿除门洞渗漏图

**案例 6**　钢套筒接收凿除洞门时渗漏

盾构下穿回填河道后靠上地下连续墙，探孔无渗漏，采用环箍双液注浆，在凿到最后一层时出现渗漏，水量越来越大，只能强割钢筋。考虑割钢筋时间长、渗漏大，于是通过刀盘切除钢筋，强行接收。凿除门洞渗漏图如图 4.16 所示。

总结：

(1)临近河道，哪怕河中主要是黏土也不能大意。

(2)有型钢或其他刀具无法切削的材料时，应先进行清除。

(3)凿洞门人员应备好雨衣、雨鞋等防雨、防渗漏工具。

(4)接收工法要保险，可采用钢套筒、泡沫混凝土等。

(5)地面上有条件时应预先插好应急注浆管。

(6)接收现场应备好镐头机，加快凿除和清理时间。

(7)壳体上超前注浆孔要有应急注聚氨酯的能力，井壁上应预留水平注浆管。

(8)洞门应分 2～3 层剥除，有降水条件的应尽早启动。

**案例 7** 始发中出现渗漏

某市 2 号线 2 期某区间风井的地层以泥炭土为主，30 m 外存在深 3 m 的河道。2020 年 6 月 10 日最后一个右线洞门始发，采用常规 10 m 水泥系加固，突发渗漏。

区间风井为地下三层结构，风井长度为 32.2 m，宽度为 25.2 m。右线盾构从风井南端头始发，隧道结构顶覆土约 19.754 m，隧道中心埋深约为 22.854 m，隧道结构底埋深约为 25.95 m。区间风井底埋深约 28.195 m。盾构机进去一半时，帘布橡胶板失效，突发渗漏，边继续推进边压注聚氨酯，盾尾全部进去后采取刚性焊接法焊接止水箱体，但是遇到不明气体，发生剧烈爆炸。风井内总计漏进超 4000 $m^3$ 泥砂和水。始发端渗漏图如图 4.17 所示。

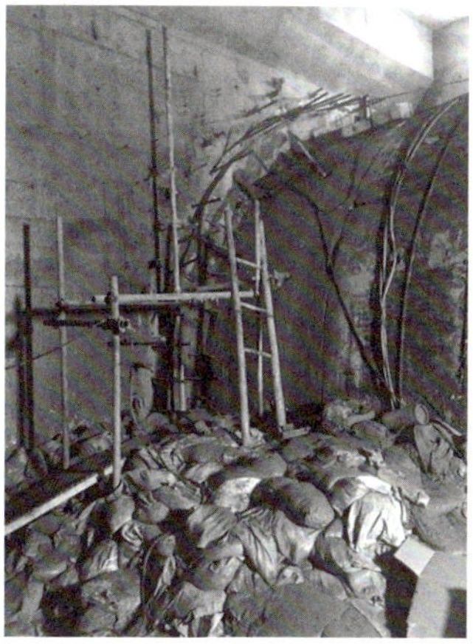

图 4.17 始发端渗漏图

原因分析：端头加固施工质量不到位，导致盾构始发时突发渗漏。遇到不明气体时未经检测和通风，直接违规进行焊接作业，引发爆炸。

总结：

(1)盾构始发、接收端头加固是关键工序，必须保证质量。

(2)遇到不明气体时应及时通风，并检测气体成分，排除有毒、易燃易爆气体。气体排除之前严禁用电或进行焊接等作业。

**案例 8**　盾构接收中渗漏

2018 年某市 15 号线盾构接收过程中，刀盘已出井壁，突发渗漏。渗漏后期现场图如图 4.18 所示。

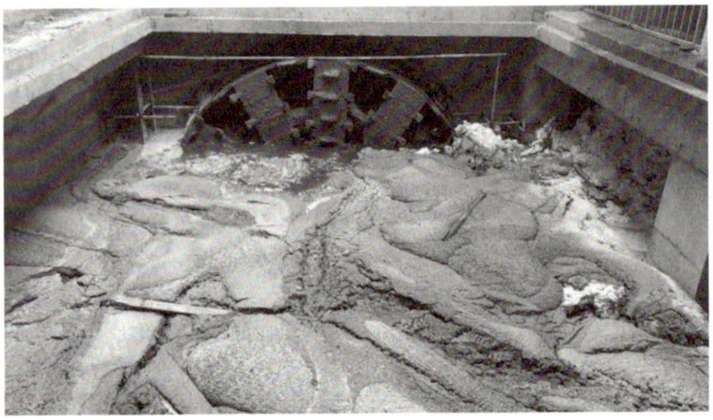

图 4.18　渗漏后期现场图

原因分析：夹心层质量有缺陷。

正确处理措施：一旦遇到此类情况，应尽快采取注浆措施，对地层进行加固固化，形成一座挡墙，从而堵住漏点。

**案例 9**　水中接收，回灌高度应大于水头压力

2018 年 11 月 23 日 5:30，某市隧道工作井南侧 20 m 位置发生局部塌陷，塌陷区域面积约 150 $m^2$。盾构正在接收中，采用垂直冻结＋水中接收工法。洞门安全凿除，但灌水高度不够，平衡不了承压水头压力，导致险情发生。现场沉降图和现场图片如图 4.19 和图 4.20 所示。

图 4.19 现场沉降图

图 4.20 现场图片

总结：

(1)在富水砂层中或者周边环境复杂时，因接收井内外存在压力差，盾构接收时洞门会出现洞门涌水涌砂现象。通常接收井回填水深度应达到地下水位以上，使接收井内外水土压力平衡，确保盾构出洞接收时洞门不发生漏水涌砂风险事件。

(2)该方法因在水下接收，因此对盾构机脱离洞门前密封、姿态控制及接收托架固定要求较高，且只适合封闭基坑实施。

**案例 10** 临近河流

2018 年 1 月 29 日，某市 18 号线二港截流工程的盾构机调出后，突发渗漏，而且所处地层是黏土层。现场漏水图如图 4.21 所示。

图 4.21 现场漏水图

原因分析：

(1)洞门注浆不密实，不及时。

(2)帘布橡胶止水装置失效。

**案例 11** 盾构冻结法进洞

某地铁线二期的区间隧道盾构机分别于 2004 年 6 月 10 日—13 日第一次进洞，2004 年 6 月 20 日第二次进洞。盾构两侧处于 14 层高楼之间，住宅桩基浅、距离近，一旦洞门土体流失，对民房的影响极大，后果十分严重。

施工方做了充足的应急预案，采用了冻结法液氮地基加固、井点管观察等方法，同时于洞门处设置两道钢板、海绵，并于两道海绵之间设置干海带作为辅助堵水措施，最后顺利完成接收工作。居民楼图如图 4.22 所示，海绵及干海带图如图 4.23 所示。

图 4.22 居民楼图

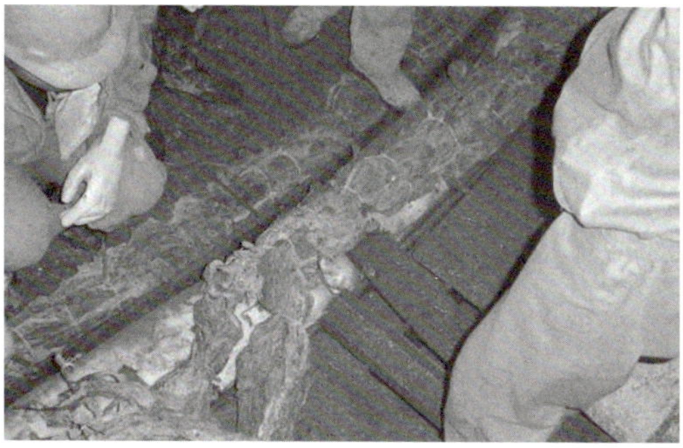

图 4.23 海绵及干海带图

总结：本案例措施充足，应急预案充分。既采用冻结法地层加固，设置了水位观测孔，紧急情况下可进行应急降水，又设置两道钢板、海绵，并于两道海绵中间设置干海带作为辅助堵水措施，有效控制了盾构临近重大风险源接收的风险。本案例值得广大同仁学习。

**案例 12** 冻结法进洞刀盘被冻住

某市 A 区间下行线隧道盾构机采用冻结法进洞。进洞段深度为 27 m，盾构进洞段底部靠近砂质粉土，有承压水，一旦加固不好的话进洞时容易发生洞圈口渗漏、涌水和涌砂，导致地面沉降，破坏周边管线和建筑物。因此盾构进洞段加固采用地面垂直冷冻和井内水平冷冻，冻结加固时间为 2006 年 9 月 25 日—2006 年 11 月 18 日，冻土墙宽度为 11.7 m，即洞门圈左右两侧各 2.5 m；冻结深度取 30 m，即洞门圈下面 3.0 m，洞圈上部 2.5 m；冻土墙厚为 2.5 m。2006 年 11 月 1 日中午，盾构推进完成 898 环，离冻结壁约 2 m 处停止推进，开始冻结管分组解冻上拔和冻结槽壁凿除。至 11 月 4 日 19:00，全部上拔至洞圈顶部8 cm，再进行回冻。此时冻圈槽壁混凝土剥除基本完成，仅剩内排钢筋及下半圈的保护层约 25 cm。11 月 5 日 6:45，901 环推进了 27 cm，即盾构切口进入冻结区 77 cm。此时大刀盘马达密封圈因油温过高而损坏漏油，无法正常推进，需进行修理、更换密封圈，用了 27 分钟修理完成。再启动刀盘时，刀盘被冻死，不能转动。

解冻方案一：土仓加水孔中加热水。2006 年 11 月 6 日，利用中煤盐水加热箱，将水加热并通过注水泵往土仓与盾构刀盘的加水孔注热水，希望通过加热水循环使盾构刀盘解冻。但是由于加热一箱水至 60 ℃需要半小时之久，而且一箱水只有 3 $m^3$,无法达到预期效果。

解冻方案二:往螺旋机里加生石灰,通过生石灰熟化过程中释放的热量去解冻刀盘。但是由于隧铁 1 号盾构没有人舱,因此无法将石灰直接投入土仓里,于是想通过螺旋机向土仓内加约 1 t 生石灰。但是螺旋机又无法将石灰转到土仓里,因此大量热量在螺旋机中消耗(螺旋机温度升至 45 ℃),此外,螺旋机里产生的大量气体严重影响作业。为了安全起见最后放弃了试验。如果盾构机设有人舱,石灰直接从人舱中加入,可能有一定的效果。

解冻方案三:冷冻加固区钻孔加热解冻。首先封洞门并喷混凝土,由于洞圈内混凝土已凿除到内排钢筋,垂直冷冻管又全部拔上去,为了防止洞圈正面散热过快,对整个洞圈喷射一层混凝土进行保护。其次,地面上用钻机,在第二排和第三排冻结管之间计划钻设 9 个强制解冻竖直孔,深度 27 m,进行热盐水循环对刀盘周围的土体强制解冻。2006 年 11 月 7 日开始钻孔,因为钻一只孔的时间长,约 6 小时,加上钻孔后加热管沉至 4~7 m 时,无法再往下沉,另外换钻杆时容易冻住,故 11 月 8 日中午停止钻孔施工。

解冻方案四:利用蒸汽发生器对盾构加热。2006 年 11 月 8 日下午在拼装台上安装了 3 台全自动电加热蒸汽发生器,11 月 9 日下午安装调试完成,开始对盾构土仓加水孔进行 2~5 kg 蒸汽加热。经过 37 小时,于 11 月 12 日 8:00 刀盘解冻成功,恢复推进。

2006 年 11 月 13 日,盾构推到 908 环,第一次进洞完成,留 2 m 盾尾在槽壁内,对洞门进行封堵,进行注浆加固。进洞过程中洞圈无渗漏现象,但盾尾后两环的地面上出现沉降,使直径 300 mm 上水管损坏,原因分析:一方面是冻土融解不均匀,出的土稀薄,出土超挖;另一方面是上水管管道老旧,在车站施工时已扰动,旁边其他管线施工时也有影响。

应急措施:

(1)为了解决刀盘油温过高、容易导致密封圈被吹喷油的问题,采用了一系列的临时应急措施,如加冰块降温。将对阀板进行冲水冷却等办法作为应急办法。

(2)水管爆裂后,一方面通知管线单位维修,另一方面用护栏隔离现场,同时打开附近的窨井盖,减少路面积水,将影响降到最低。

2006 年 11 月 18 日 8:00 盾构第二次进洞,整个过程非常顺利,无渗漏,

11:00全部结束,开始封洞圈。由于施工队这次洞门封板未处理好,焊接上存在问题,注浆后洞圈渗漏,尤其是底部,地面随之出现沉降,最后导致直径500 mm的水管爆裂。施工队处理及时,进行地面、井下抢险,未造成社会影响。封板图如图4.24所示。

图4.24 封板图

总结:

(1)底部轨道中间的封板一定要在盾构进洞前封好,并且两面必须满焊。

(2)封板与洞圈钢板和管片背覆钢板必须密贴、满焊。

冻结法加固进洞前必备条件如表4.2所示。

**表4.2 冻结法加固进洞前必备条件**

| 必备项目 | 规定 |
|---|---|
| 蒸汽发生器 | 事先安装和调试好2～3台 |
| 与刀盘的联锁 | 与刀盘相关的联锁宜事先解除 |
| 洞门分块和凿除 | 可事先凿除40 cm洞门,盾构机靠上冻土墙后,如能正常切削,方可对洞门进行分块或凿除;盾构机靠上冻土墙后,如异常切削(土软),应查明原因后再推进,同时应停止分块或凿除 |
| 应急门 | 事先准备好应急门的材料 |

**案例13** 盾构冻结法接收

某市轨道交通4号线二期工程区间及车站土建施工二标段是某市重要的过江通道，位于两座大桥之间，区间隧道江北起点为始发车站，江南终点为接收车站。本工程包含始发车站、两个区间风井、越江区间和三条联络通道。

车站为地下两层双跨结构，岛式站台。采用明挖顺作法施工，地质情况主要以黏土、粉土粉砂层为主。围护结构南侧采用地下连续墙，北侧采用钻孔灌注桩，设置一道混凝土支撑和三道钢支撑，地下连续墙外侧设置高压旋喷桩＋袖阀管注浆进行加固，钻孔灌注桩围护外侧设置高压旋喷桩止水帷幕，基底采用三轴搅拌桩进行抽条和裙边加固。附属结构围护采用钻孔灌注桩＋高压旋喷桩。区间采用两台泥水加压平衡盾构，自始发车站始发，穿越长江，到达接收车站。左线长2993.86 m，右线长3003.39 m，最小曲线半径500 m，最大纵坡28‰。

2014年6月7日3:50发生第一次险情，盾构推进至第1991环，19:00时盾构推进1200 mm，掘进速度1～3 mm/min，刀盘推至洞门口。21:00，洞门右下角位置出现涌水；21:50，第1991环推进完成，在掘进过程中因接收姿态较差导致洞门帘幕橡胶板拉断；险情处理后继续推进第1992环，推进过程正常；6月8日1:35，推进第1993环，2:30，第1993环推进1400 mm，右下角再次涌水，盾构停止推进。7月1日16:30，发生第二次险情，左线盾构机中盾吊出后，发现洞门底部有少量水涌出，17:00底部涌水量变大，涌水通道约20 cm。左线隧道左侧附近的人民医院两层楼出现沉降、开裂。至7月2日凌晨，最大沉降102.9 mm，人民医院建筑物开裂，裂缝最大50 mm，沉降最大位置为人民医院放射中心。2014年7月5日晚发生第三次险情，完成设备桥移除后，准备进行内支撑架设；7月6日凌晨，1987、1988环管片拱部突然发生错位，1987环管片纵向缝裂开、增大，并有小股水流出。

右线险情：2014年7月1日下午，右线洞门凿除工作基本完毕，盾构准备恢复掘进。2014年7月3日17:15，第1998环掘进完成，刀盘整体穿过洞门，刀盘出结构面1500 mm，盾构前体出结构面500 mm，刀盘正下方位置发生涌漏并携带大量泥砂；20:25，发生第二次涌漏；23:40左右，洞门下方漏水点中的水再次从靠近车站站台侧的底板下涌出。第一、二次涌出泥水总量约180 $m^3$，沉积泥砂约60 $m^3$；第三次涌出泥水总量约150 $m^3$，沉积泥砂约50 $m^3$。

根据2014年7月7日专家会意见，险情处置及后续施工方案采用以施工降水为主导的抢险应急方案。7月25日降水井施工完毕，开始降水，至8月26日，接收井周边200 m范围内均出现地表沉降，最大沉降值达85 mm，周边近200户民房、商店及医院房屋出现不同程度的沉降、开裂。

应急处理措施：

(1)左线第一次险情：2014年6月7日21:00洞门右下角位置出现涌水后，盾构快速继续掘进1991环，同时迅速开启降水井来降水头，21:15不再漏水。6月8日2:30，1993环推进1400 mm，右下角再次涌水后，停止盾构推进。2:30—7:00，对盾尾1990环压注聚氨酯，共压注聚氨酯18桶，洞门渗漏停止，降水井停止抽水；中盾压注聚氨酯180 L，同时对帘幕橡胶脱落位置用棉纱＋钢板＋堵漏王进行临时封闭。6月9日，继续盾尾注浆，1991环压注聚氨酯120 L，中盾注浆孔压注聚氨酯80 L，1990环压注双液浆4 $m^3$，1989环压注双液浆2 $m^3$。6月10日，1989环压注聚氨酯170 L，1987～1988环注双液浆7 $m^3$。6月12日，对洞门冷冻体顶部增设一水平探孔C5；中盾位置继续压注聚氨酯320 L，1986、1987环压注双液浆6 $m^3$。6月13日，掘进1994～1996环，空推2环，盾尾拖出洞门；推进过程中每完成一环掘进后，对盾尾后第一环压注聚氨酯后再推进下一环。6月14日—6月15日，洞门采用棉纱＋堵漏王＋钢板进行临时封闭。6月16日，完成冻结管路割除。6月17日—6月30日，持续进行洞门处1981～1995环管片壁后融沉注浆。

(2)左线第二次险情：2014年7月1日16:30，发生险情后采用堵漏王对底部渗水进行封堵，同时用注聚氨酯泵来注聚氨酯。17:00，底部涌水量变大，涌水通道约20 cm，无法进行封堵。随后采用水泥、沙袋反压，上部采用混凝土回填。同时采用双液注浆机对隧道内1992环底部两个注浆孔压注聚氨酯4000 kg，封堵涌水通道，21:00涌水止住；地面上采用引孔垂直注浆，压注双液浆，截至21:00双液浆压注210 $m^3$；对隧道内渗水重大的1987、1986环进行了注聚氨酯止水，第1987环压注聚氨酯700 kg，1986环压注聚氨酯900 kg，渗漏水基本堵住。

(3)左线第三次险情：2014年7月6日凌晨，发生险情后采用搭设枕木垛的方式对1986～1989环进行加固，在加固过程中，未出现险情恶化等现象；经6日上午地表监测，地面没有沉降变化。7月6日下午，恢复洞内变形段的临时钢拱架+内支撑和注浆加固施工，至7月12日隧道内临时钢支撑安装完毕。7月7日，项目部组织召开了全国性的盾构到达接收险情处置及后续处理方案专家会，会议明确采用以下方案：以施工降水为主导，维持冷冻为辅、液氮应急的方案。在洞内注浆完成后再进行洗井、降水，待降水和洞门加固达到预期效果、险情得到彻底排除和确认结构稳定后，再逐步清理完洞内和盾构井内的反压物，恢复现场后续施工。7月7日，完成地表地质雷达监测。7月7日—9日，完成静力触探，并对医院房屋基础下空腔进行砂浆回填。7月11日，完成隧道内管片应力片安装。7月14日，完成地表注浆、洞内注浆工作。7月22日，完成21口降水井施工，并进行抽水试验。7月25日，开始对周边持续降水。7月28日，完成左线洞门前反压物清理。7月31日，完成左线洞门结构施工。左线洞门涌水涌砂险情解除。

(4)右线险情：2014年6月21日，完成增补4口深降水井。6月25日—27日，在盾构机抵拢连续墙后，对盾尾后三环进行了聚氨酯封闭、盾尾后4～10环进行了双液浆封闭，在降低土仓液位及洞门探孔确认无渗水情况后，恢复掘进。7月1日下午，右线洞门凿除工作基本完毕，盾构准备恢复掘进，左线洞门再次发生涌水涌砂险情。7月2日，地铁公司召开专题会，根据会议精神和总体计划安排，右线盾构尽快出洞，消除风险。7月3日15:00，右线盾构机开始推进，15:40，掘进完成1997环所剩0.37 m。16:17，盾构机开始掘进1998环，掘进过程中刀盘右下位置有小股地下水流出。至17:15，1998环掘进完成，刀盘整体穿过洞门，刀盘正下方位置发生涌漏并携带大量泥砂。随后在隧道内1996环正下方位置采用聚氨酯对盾壳与冻结体之间的间隙进行封堵，至20:20，刀盘底部涌漏情况得到控制。20:25，又发生第二次涌漏，继续对隧道内1996环正下方及1994环左下方位置压注聚氨酯，至20:40，封堵控制完毕。23:40，洞门下方漏水点中的水第三次从靠近车站站台侧的底板下涌出，随即加大洞内聚氨酯封堵注浆，车站底板涌水处采用袋装水泥、碎石进行回填反压，洞内持续注浆。7月4日4:40，此处涌漏封堵住。7月5日中午，右线洞门涌漏已全部得到控制，再未出现重大的反复现象，洞内管片稳定，未出现变形、漏水情况。7月6日—7月10日，对管片1994环～1996环进行了补注聚氨酯，共5 t，双液浆压注21 $m^3$，单液浆压注50 $m^3$。

建筑物沉降开裂图如图 4.25 所示。

图 4.25 建筑物沉降开裂图

原因分析：

(1)隧道底部范围的粉细砂层承压富水，水头差 16～17 m，地下水水位高、隧顶覆土松散、自稳能力差。并且在盾构掘进扰动影响下，在管片外注浆层因冻结体融沉产生的空隙处或渗水通道薄弱面处产生突发涌水涌砂。后期处置过程中，由于采用 24 口降水井降水方案和相继发生多次大规模的涌水涌砂事故，加剧并扩大了地表、建筑物不同程度的沉降、开裂。以上是造成本次事件的直接原因。

(2)接收车站接收端采用三重管旋喷桩加洞门水平冷冻加固，该方案不适合泥水盾构到达施工，盾构出洞安全保险系数较低。

(3)洞内测量未按要求进行二等精度控制操作，实际是按三等精度操作，同时也未发现地面控制桩点发生位移，而且也未按照测量要求及时组织隧道贯通前的联测，加之长距离测量的误差累积，导致盾构出洞偏向掘进方向右下侧 15 cm，致使盾构出洞时帘幕橡胶板破坏，密封止水系统失效。

(4)经公司设备部和监理单位批准的左线盾构吊装方案，明确规定需使用 400 t 汽车吊。由于受场地限制，项目在实际吊装过程中未按既定方案执行，选择了 260 t 履带吊。在 2014 年 7 月 1 日中盾吊装过程中履带吊 1 个滑轮出现了问题，造成履带吊长时间承受荷载，后增加 1 台 400 t 汽车吊，加剧了对地层的扰动。

(5)2014 年 6 月 26 日,关于右线水平冻结盾构接收条件的专家评审意见为:盾尾注浆完成后,破除洞门最后一层混凝土前,应通过洞门底部探孔检查帷幕密封效果。但在实施过程中,首先未及时注浆,且项目未按专家意见通过洞门底部探孔检查帷幕密封效果,而是盾构机直接出洞。

(6)项目部未组织人员对《盾构机到达应急预案》进行演练,且应急物资准备不足,发生险情时抢险组织不到位,指挥混乱。

总结:

(1)隧道贯通前必须进行洞内外联测,不能简化测量程序,同时按照相关规范规定的测量精度等级要求进行测量,不得擅自更改测量精度。技术负责人应在过程中进行检查、把关和复核,并履行技术管理职责,确保现场施工测量准确无误。

(2)无论在何种环境条件下,必须严格按照手续齐备的设备吊装方案进行作业,遇有条件变化、需要变更方案时,应执行变更审批手续,确保设备吊装安全、顺利,实现既定的管理目标。

(3)强化技术指导和管理的有效性,施工方案和技术交底须保证可操作性、全面性、正确性、科学性、经济性,同时应在施工前及时下发和培训到位,且严格按照方案执行并对施工效果进行检查。

(4)由于盾构机出洞安全风险高,应急预案应组织演练到位,一方面可检验预案的可操作性和实用性,另一方面可发现不足、完善预案,锻炼应急队伍和提高应急处置能力,理顺各相关单位和人员的工作关系,完善应急机制。

(5)项目管理领导层,尤其是项目第一责任人,应对盾构机出洞安全予以高度重视,狠抓过程监督和贯彻落实,充分进行方案比较及做足预控措施。一旦发生险情,应做出快速应急反应,采取有效措施进行积极控制,防止险情进一步扩大。

(6)在接收方案比选阶段,尽可能地变更“水平冻结+注浆”的接收方案,此类接收方式不可控性过高,且险情发生后,效果比较好的补充措施可选范围小。方案变更方向为水下接收或钢套筒接收,且这两种方案经济性与可操作性均优于“水平冻结+注浆”接收方案。

掘进过程中遇到以下情况时,应加强风险控制:

(1)临近或下穿江、河、湖、海等水域。

(2)砂层、淤泥质地层等软弱地层,高承压水地层。

(3)临近或下穿带压管线、建筑物,敏感场所(火车站、机场、地下商场、高压线塔、电视塔、历史保护建筑、军用设施等)。

(4)加固场地局限或对盖板下面地基加固范围和措施考虑不当。

## 4.2 盾构始发反力架安装不牢

反力架作为盾构始发反力支撑体系,其自身和背靠结构牢固性至关重要。对于有背靠结构作为支撑的,应验算其背靠结构承载力和稳定性;对于无背靠结构而采用斜撑的,应确保斜撑和反力架与底部的连接牢固,采用预埋形式相对更牢固。

**案例 14** 反力架安装不牢

2018 年 6 月,某区间盾构始发前未按设计方案将反力架背靠至中板上来作为支撑,仅选用小牛腿斜向支撑至中板上。盾构在始发期间,斜向支撑承载力不足,导致反力架与始发托架发生变形、始发姿态控制困难、负环管片松弛等问题。端头加固图如图 4.26 所示,现场回填图如图 4.27 所示。

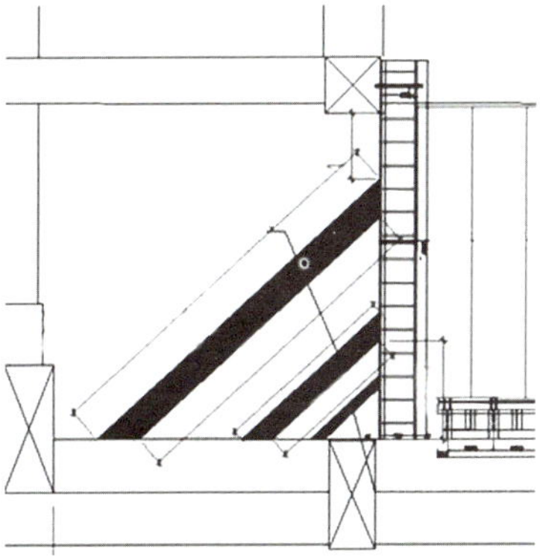

图 4.26 端头加固图

图 4.27　现场回填图

始发端头加固质量不满足要求,加固体土体为流塑状。盾构始发进入加固体时,后背靠失稳导致姿态偏移,螺旋机土压未建立,多次发生螺旋机喷涌,且未配置应急止喷门。掘进至第 5 环时,估计超挖 50 余方。

处置措施:回填砂浆及碎石,并在回填材料中掺加水泥,后继续回填水泥砂浆,回填过程中采用挖掘机充分搅拌并使用振动棒对砂浆进行充分振捣;重新加固反力架后恢复掘进。

## 4.3　刀盘驱动密封失效

**案例 15**　刀盘驱动密封失效

某市地铁 2 号线在某区间风井左线出洞,盾构机为租赁而来。2012 年 3 月 19 日左线盾构机推至第 356 环时,多次出现齿轮油润滑泵报警。租赁人员检查循环泵发现泵压力低于正常使用要求的 2500 kPa,拆卸泵后发现管路内油样浑浊。为确保继续推进,重新加入 3 桶新的齿轮油,并将右线盾构机上的齿轮油循环泵及相关溢流阀块全部替换到左线盾构机上使用。3 月 20 日,在更换齿轮油和循环泵推进了 5 环后,齿轮油循环泵再次报警,再对齿轮箱取油样,发现齿轮油又遭到污染。经盾构厂家判断,确定刀盘驱动密封失效,不能正常推进。

(1)盾构密封最大工作压力为 500 kPa,极限压力为 650 kPa,但正面工作压力大于 350 kPa 时必须开启驱动密封加压装置。经检查发现,该盾构机未连接加压装置。

(2)调出盾构机即时动态施工记录数据，发现最大和最小土压力波动范围较大，最大值超出 600 kPa。

此盾构轴承密封由盖板和 3 道唇口密封组成。其中 HBW 密封圈和第 1 道密封之间压注 HBW 密封油脂，第 1 道密封和第 2 道密封之间压注 EP2 油脂。正常情况下 HBW 密封油脂和 EP2 油脂自动压注，但当正面压力超过额定 350 kPa时，就需要手动在第 2 道密封和第 3 道密封之间压注齿轮油。当土压力下降到 350 kPa 以下时，则须及时泄压。

原因分析：这次事件中，加压装置未连接，无法加压，正面压力长时间超过额定土压力后容易密封失效，造成泥砂从 HBW 密封圈进来，经过 3 道土砂唇口密封和齿轮油密封，直接进入齿轮油箱，并污染整个驱动齿轮油润滑系统，造成滤油器堵塞报警。进而使齿轮油供油流量不足，分配器供油不能达到设定要求，造成刀盘跳停，无法正常施工。

处罚：由于本次事件解决及时，未造成工程风险事件，不对监管方、建设方进行处罚。但施工方工程管理部在收集、梳理每日上传信息时不够仔细，对推进报表上缺项数据没有高度重视，因此对科室相关人员进行经济处罚。

总结：

(1)施工前，必须组织盾构机司机学习盾构机相关指导手册，熟悉盾构机各项参数，掌握盾构机使用要点。项目技术负责人应就各种报警值对班组进行交底，明确报警值可能引起的后果，并设置处理权限和上报机制。现场设备员在施工过程中应加强巡视、定期保养，发现问题及时汇报、分析、处理。

(2)对盾构重要核心部件，尤其是盾构机三大密封，一定要组织相关人员严格把关，多提醒盾构调试单位对核心部件进行检查。盾构施工过程中，一旦发现反复报警，无法采用复位重启的简单方式进行操作时，必须查明原因，故障排除后才能恢复施工。反复出现报警时盾构司机应及时汇报，对核心部件报警应高度注意。

(3)推进过程中应经常检查集中润滑油脂、盾尾油脂、齿轮油液位，当理论用量与实际用量偏值较大时，应查明原因，避免带病作业。

(4)认真记录每环施工参数，按时上传系统。另外，应经常回看盾构机数据采集系统内推进记录，盾构司机通过分析数据指导施工。

## 4.4 盾尾刷被击穿

轨道交通工程参建单位普遍认为盾构法相对于矿山法更安全，认为盾构施工过程中堵漏是较为常见的情况，因此对盾构各个关键部件检查不及时、不到位。

**案例 16** 盾尾刷被击穿

某市轨道交通2号线是该市东西走向的骨干轨道线路，其中某区间线路呈东西走向，为双线隧道，长度约1932 m，采用盾构法施工。区间沿线地表下5 m深度内敷设有大量各类管线，对隧道施工有一定影响。

区间隧道主要穿行区域工程地质条件很差，大部分岩土松散、承载力低、自稳定差。事故段隧道底埋深约30.5 m，由上至下分别为人工填土、淤泥质粉土、淤泥质土、淤泥质粉土、粉砂、中砂、圆砾以及强风化泥质砂岩。事发前，右线盾构机的中下部处于中砂和粉砂交界位置，盾构机隧洞顶是淤泥质粉土层、隧洞底是软弱的粉砂层，盾构机头的前方是粉砂和中砂的交界部位，中砂层的透水性中等偏强，且含承压水，而盾构机本身处于软弱的粉砂层，盾构机在此位置停留时间越长风险就越大。一旦涌水发生，盾构机下的粉砂就会随涌水流失。地下水主要为第四系松散层孔隙水和基岩裂隙水，孔隙水又分为上部黏性土层中的潜水和下部砂、砾石层中的承压水，砂、砾石层连续分布、水量丰富。区间线路下穿河流，该河常年有水且水量丰富。

2018年2月7日，盾构位于隧道底埋深约30.5 m的淤泥质粉土、粉砂、中砂交界处且具有承压水的复杂地质环境中。18:10，右线隧道905环完成掘进，随后进行管片拼装前的盾尾清理、冲洗。18:52，右线隧道905环第1块管片拼装完成、管片吊机起吊第2块管片时，土仓压力突然上升约43 kPa，盾体后部俯仰角开始增大，盾尾出现下沉。与此同时盾尾内刚拼装好的第1块管片右侧附近突发向上冒浆，旁边打螺杆的作业工人立刻尝试去封堵冒浆点，但浆液上升速度很快，18:53浆液即漫过了已安装的第1块管片，盾尾附近作业人员开始撤离被浆液漫过的拼装作业区域。18:54，浆液完全漫过并排放置在拼装区的其余4块待拼装管片表面。19:03，作业人员采取应急堵漏措施，向盾尾密封内打入油脂，并采取向盾尾漏浆处抛填沙袋的反压措施，但仍未能有效控制涌泥涌砂险情。20:35,隧道内人员开始撤离。20:36,899 环管片环缝右下位置泥砂流持续剧烈喷射而出,盾尾方向流出的泥砂流明显加大。此时盾体后部俯仰角已增加至 2.7°,据推算盾尾相对停机时下沉了约 463.5 mm。20:39,盾构机高压电断电,井下监控录像视频信号中断。20:40,地面出现大面积坍塌,洞内突然涌出的大量泥砂推动盾构机台车向后滑冲约 700 m,隧道内泥砂流和伴随涌起的气浪将正在向外撤离的部分逃生人员击倒或掩埋,最终造成 10 人当场死亡,1 人经抢救无效在医院死亡,1 人失踪,8 人受伤。地面坍塌范围东西向约 65 m,南北向约 81 m,深度 6～8 m,地面塌方面积约 4192 $m^2$,坍塌体方量接近 $2.5\times10^4$ $m^3$。直接经济损失约 5323.8 万元。地面塌陷区图如图 4.28 所示,盾尾密封原理示意图如图 4.29 所示。

图 4.28 地面塌陷区图

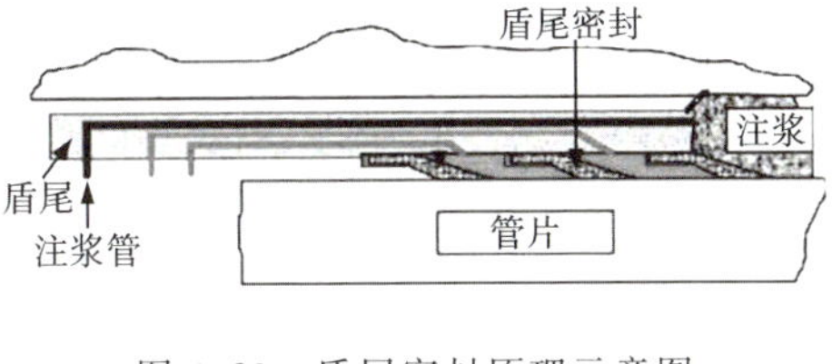


图 4.29 盾尾密封原理示意图

区间采用 2 台全新制造的直径为 6980 mm 的土压平衡式盾构机施工。盾构机盾尾密封方式为盾尾刷＋密封脂,采用 2 道钢丝刷＋1 道钢板钢丝刷＋1

道止逆板的结构形式，盾尾油脂通过安装在后配套系统中的一个气控油脂泵压注，采用注入压力控制和注入量控制的双控方式。盾尾密封设计最大耐压为1.0 MPa。2018年2月4日—2月7日右线盾构机共使用盾尾油脂约10桶，共掘进30环，平均使用量约3环/桶。在875～905环掘进过程中，油脂平均压力在2.0 MPa以上。

根据第三方监测单位提供的《文件发送记录》，2017年6月1日—2018年2月7日共向相关单位发送19份橙色及红色预警报告。

原因分析：

(1)盾尾密封装置在使用过程中密封性能下降，盾尾密封被外部水土压力击穿，产生透水涌砂通道。

(2)事故发生段位于深厚富水粉砂层且临近强透水的中粗砂层，地下水具有承压性，盾构机穿越该地段时发生涌泥涌砂、坍塌的风险高。

(3)涌泥涌砂严重的情况下在隧道内继续进行抢险作业，人员撤离不及时。

(4)隧道结构破坏后，大量泥砂迅速涌入隧道，在狭窄空间范围内形成强烈的泥砂流和气浪并向洞口方向冲击，导致部分人员逃生失败，造成了人员伤亡的严重后果。

## 4.5 涌水涌泥导致盾构机被埋

盾构隧道多为机械法施工，很少出现涌水涌泥现象。但在砂层、淤泥质地层等富水软弱地层或承压水软土地层中，如遇违规操作(如擅自打开螺旋机观察孔盖板)、盾构姿态突变、盾构选型与地层不匹配等问题就会造成涌水涌泥现象。涌水涌泥的初期为封堵黄金期，采用速凝材料进行及时封堵至关重要，若因采取措施不当而错过封堵黄金期，则后果不堪设想。

**案例17** 螺旋机涌水涌泥

某市地铁2号线区间，线路长度为584 m，最大纵坡为20‰，盾构隧道净间距最小为0.98 m，最小曲线半径为3000 m，区间隧道平均覆土厚度约为16 m，最小覆土厚度约为5 m。区间隧道外径6.2 m，内径5.5 m，环宽1.2 m，管片拼装衬砌型式为单洞圆形，采用错缝拼装。区间隧道沿线经过建筑物及铁路较多，主要有市铁路分局6层乘务员大楼、市铁路分局材料科办公楼、机务段招待所等；某三线铁路，以及正在施工的地道，地道底面至盾构隧道顶面距离为4 m；某城际铁路等。

区间左右线隧道穿越范围内主要有⑥$_2$粉土层、⑦$_2$粉土层、⑥$_1$和⑦$_1$粉质黏土层、下部⑦$_4$粉砂层，下部粉砂层厚度约10 m。隧道在地道附近局部进入⑦$_2$粉土层、⑦$_4$粉砂层。

2011年5月5日19:00—5月6日8:00，当盾构掘进至206环位置时，机修人员发现盾构机的螺旋输送机运转不正常，进行了全面检查，在正反转过程中，听到螺旋输送机前下方观察孔附近有异常的摩擦声。5月6日4:00，螺旋输送机被彻底卡住。现场值班人员查阅施工图及地质勘察报告后初步判断，刀盘已进入地道下部旋喷桩加固区域，螺旋输送机中有异物卡住了螺旋输送杆，导致渣土被堵。考虑到盾构机处在地道下部，不宜停机过久，相关人员决定拆开螺旋输送机前下方观察孔（尺寸约为350 mm×500 mm）盖板，取出异物并及时恢复掘进。为了进一步确保安全，在拆开观察孔前注入聚氨酯来封闭掌子面，并配备棉纱、棉被、方木及型钢等应急物品。在注入了10桶聚氨酯来封闭掌子面后，通过检查加泥孔阀门，发现土仓里无水安全后拆除观察口盖板。5月6日8:00，盖板拆除完毕。在拆卸观察口盖板过程中，观察孔四周无异样，只有少许渣土掉出。通过观察，发现螺旋输送杆叶片之间夹着一个水泥土混合物固结块，随后将其取出，该碎块长约20 cm、直径约10 cm。同时发现螺旋机下部叶片之间还夹有异物，随即处理第二块异物，在处理过程中忽然从观察孔发生涌泥涌水现象，洞内人员立即在观察孔堵塞棉纱、棉被，并用方木及型钢支撑、封堵观察口盖板。由于水土压力大，未能有效封堵，其间仍有泥砂涌出。项目经理接到通知后，马上到现场查看情况。当项目经理到达现场并进入掌子面区域后，发现漏水相当严重，现场流出大量泥砂，当时条件下已无法安装观察孔盖板，便紧急在现场安排启动项目应急预案，并交代现场人员注意安全后向上级公司进行了汇报，同时向建设单位、监理单位进行了汇报。

2011年5月6日上午启动应急抢险系统，实施地点分别为本站左右线盾构隧道内、地道和铁路三角地。

(1)右线抢险实施情况：应急抢险系统启动后，增加作业人员和应急物资，加大力度对出水口采用注聚氨酯、填水泥袋等措施进行封堵，同时增加水泵对右线隧道内积水进行抽排，以便进行抢险作业。堵漏及填压工作持续至2011

年5月6日23:00左右，漏水仍未停止。随即由地铁集团、城投集团、建交委相关人员及各专家组成的抢险指挥小组下令浇筑混凝土坝体封堵右线隧道并注水回灌。最终于2011年5月8日2:00左右完成混凝土坝体浇筑工作，于2011年5月9日0:00左右开始注水之后，通过加强观测发现坝体稳定性及坝体渗漏水情况均稳定。左线抢险实施情况：应急抢险系统启动后，从2011年5月6日9:30开始安排专人对左线隧道变形加强观测，同时停止左线掘进施工，开始从左线向右线注浆。至2011年5月7日0:00左右，因隧道变形较大，指挥部下令左线作业人员全部撤离，并对左线隧道浇筑混凝土坝体封堵后注水回灌。最终于2011年5月9日8:00左右完成混凝土浇筑工作，随后进行注排水和隧道内水压监测。

(2)地道出现险情后，从2011年5月6日9:00左右开始对地道加强监测，同时测定右线盾构机的具体位置。2011年5月6日10:30左右，因地道沉降变化较大，经协调，立即封闭地道，组织钻机、注浆机、水泥、水玻璃等应急物资到场，在右线盾构机的正前方及两侧、左线隧道两侧实施注浆，直至2011年5月18日地道沉降及左右线隧道漏水变形稳定后停止注浆加固。于2011年5月19日恢复通车，之后监测继续进行，无明显变化情况。

(3)铁路三角地出现险情后，2011年5月6日9:00左右开始对三角地进行实时监测，同时从地面精确测定并标出右线盾构机的具体位置及线路走向。2011年5月7日凌晨，因铁路三角区沉降变化较大，立即组织钻机、注浆机、水泥、水玻璃等应急物资到场，于2011年5月7日13:00左右开始对左右线隧道两侧实施注浆，至2011年5月14日铁路三角地沉降及左右线隧道漏水变形稳定后停止注浆加固。

从2011年5月11日开始，市建委组织专家组进行区间改造方案的讨论。通过历时三个月的方案讨论和比选，2011年8月30日市轨道交通指挥部决定对既有车站进行改造，对区间进行改线处理，最终导致两台盾构机被埋。目前改造工程已顺利完工，2013年8月28日地铁2号线已经顺利通车。

直接原因：

(1)盾构队长违规操作。由于地质条件复杂，造成螺旋机被水泥土混合物固结块卡住，无法运转，盾构队长鲁某在严重违背《盾构机操作说明书》中的相关规定和不了解打开观察孔盖板将出现涌水隐患的情况下，擅自安排现场作业人员打开螺旋机观察孔，导致发生地下水喷涌。

(2)现场抢救措施不到位。观察孔盖板打开后，在长达80余分钟的时间内，现场未采取有效的控制措施，致使土仓内的水和泥砂流失过多，造成土仓压力失衡而发生喷涌风险事件。

(3)地质原因。盾构机掘进部位地层地质条件复杂，处于微承压水层，且局部地段夹有粉砂薄层，富水性、渗透性相应增大，存在较大隐患；同时，盾构机处于地道旋喷桩加固地层，旋喷加固强度较高且加固不均匀，致使盾构掘进施工困难，易出现设备故障，进一步加大施工安全隐患，最终引发事故。

间接原因：

(1)所建立的盾构机管理制度、作业流程和岗位责任制度未得到严格的落实，尤其是特殊地层及异常情况下的管理及处置对策落实不到位。

(2)盾构机司机对地质情况不了解，对特殊地层作业存在的风险隐患认识不足，盲目掘进，擅自作业，且未认真执行掌子面地层情况交接班制度。

(3)日常管理交底落实不到位，沟通汇报脱节，应急准备工作不足。

(4)施工组织不合理，左线隧道线路高程高于右线隧道，却安排左线隧道先进行施工，致使右线隧道发生险情后，直接影响到左线隧道的安全，导致损失的扩大。

总结：此次风险事件暴露出现场作业人员安全意识淡薄、自我防范意识差，现场安全管理存在诸多问题和漏洞。应进一步采取以下措施。

(1)强化安全质量责任制的执行力度。

(2)加强现场管理，严格执行盾构施工操作规程及有关技术规定，项目部现场作业人员在执行开启螺旋机观察孔等关键程序时，必须严格执行相关规定；盾构机作业过程中，严格执行项目领导现场值班制。

(3)加强项目安全教育与技术培训，在各项工序开始前，项目技术负责人应对所有作业人员进行施工技术交底和安全技术交底，组织所有员工认真学习交底内容，并落实到位，使每个作业人员均清楚自己所负责的岗位及操作方法。

(4)盾构施工作业前，项目部应按要求编制好盾构施工应急预案，报建设、监理等单位进行审核、批准，并按要求对现场作业人员进行培训及现场演练，确保一旦发生险情，现场作业人员能处置得当，切实提升现场作业人员应对突发事件的能力。

(5)项目部负责人应组织项目部管理人员进行定期、不定期安全大检查，及时发现风险隐患，按照定整改责任人、定整改措施、定整改期限、定资金、定复查验证责任人的“五定”原则，狠抓隐患治理工作，把风险消灭在萌芽阶段。

(6)严格执行国家规范、行业标准及建设单位的规章制度，在盾构机穿越进入特殊地段(如覆土厚度不大于盾构直径的浅覆土层地段、地下障碍物地段、建筑物地段、构筑物地段、粉土层地段、粉砂层地段等)时，必须采取相应的控制掘进参数，控制盾构姿态，补充地质勘探，盾构掘进过程中应采取匀速、连续、均衡的施工措施，确保施工安全。

(7)对项目部盾构设施应加强监管力度，明确规范设备维修保养方案，确保盾构机作业顺畅进行。

(8)建立具体的、具有针对性的盾构机掘进故障管理制度和盾构掘进过程中分区段风险源辨识、评价、对策管理制度，切实通过培训、教育、考核落实到每个作业人员。在出现相应问题时，现场作业人员可通过停机、保压等措施来保证盾构机安全、稳定，并及时向相关负责人汇报，通过讨论、论证确定具体措施后，方可进一步实施。

**案例 18** 盾构姿态突变导致涌水涌泥

某城市地铁 3 号线的盾构区间隧道覆土 8～20 m，隧道穿越粉质黏土层，局部位于砂质粉土层，砂质粉土层含水量较大、透水性较强、地下水丰富、具有承压性。为保证管片安全，每环盾构纠偏量不得大于 4 mm。2015 年 3 月 29 日，盾构掘进至 345 环位置。当日 20:00，在区间“V”字坡竖曲线变坡点处，盾构方向与线路偏差 15 mm，盾构机紧急调整姿态，每环纠偏量达到 6 mm。在盾构姿态调整约 1 小时后，盾构尾部管片出现漏水。现场工人采用棉被封堵，但未能奏效。至 22:00，隧道内漏水逐渐增大并伴有泥砂，险情开始恶化。23:00，周边泥砂不断涌入隧道，泥砂漫过工人膝盖，管片的连接螺栓断裂，管片损坏掉块。23:20，现场人员开始撤离。

处理措施：在事发隧道后方施作封堵墙，采用地表打孔注浆方式将事故段隧道及盾构机注浆封堵。

原因分析：

(1)盾构机掘进部位地层地质条件复杂，局部地段夹有粉砂薄层，其富水性、渗透性相应增大，且地下水具有微承压性，风险较大。

(2)盾构姿态突变、纠偏量过大导致管片局部应力集中、受压开裂,涌水涌砂。

(3)未制定有效的应急预案,抢险物资不足,现场抢险方案不当。

总结:出现险情应立刻上报,同时组织地面交通疏解,设置警戒线,加强事发区域监测,发现地表沉降超限应进行注浆加固。初期涌水时应采用沙袋反压涌水点,并同步对漏水点采用聚氨酯封堵,并在漏水点后方注双液浆,封堵管片外侧,逐步减小漏水量,降低漏水速度。现场仅采用木塞、棉被封堵,错失抢险的黄金期。

**案例 19** 盾构机被埋

某市地铁 2 号线 4 标区间工程,设计里程为 K2+983.05~K4+392.099,为单圆盾构隧道,右线长度为 1431.81 m,左线长度为 1453.491 m。采用一台土压平衡式盾构机从区间右线始发,到达车站后吊出转运至始发站,从始发站左线二次始发,到达接收站后吊出、解体,完成区间盾构施工。

2007 年 11 月 20 日,盾构机掘进到达区间车站右线南端头接收井洞门时,洞内发生涌水涌砂事件,造成地面大面积塌陷,盾构机被埋于塌陷土体中。

区间属长江低漫滩地貌,地势较为平坦,场地地层呈二元结构,上部以淤泥质粉质黏土为主,下部以粉土和粉细砂为主,赋存于黏性土中的地下水类型为孔隙潜水,赋存于砂性土中的地下水具一定的承压性。风险事件发生时盾构穿越地层主要为中密、局部稍密粉土,上部局部为流塑状淤泥质粉质黏土,端头井采用高压旋喷桩配合三轴搅拌桩加固土体。

2007 年 9 月 8 日,施工方委托本市房建工程检测中心试验室对搅拌桩进行钻孔取样,共取 2 个孔,包含 6 组水泥土试块,每个孔在自地面向下 14 m、18 m、22 m 处分别取出 1 组试块,1 组试块为 6 段水泥土样品。经试验,强度代表值为1.04 MPa,强度大于设计强度 0.8 MPa。样品具有较好的连续性,很少出现掺有泥砂现象,桩体搅拌均匀。

2007 年 10 月 15 日开始凿除洞门,凿除洞门时,盾构机提前到达,10 月 18 日内层钢筋凿除完成后停止。10 月 18 日对右线打设水平探孔检测端头加固体,1 号探孔深度为 2.13 m、2 号探孔 2.45 m、3 号探孔 3.08 m,均无渗漏水现象。11 月 15 日再次开始凿除钢筋混凝土,按照自上而下的顺序凿除中间主体混凝土。11 月18 日对加固体进行第二次探孔检测,4 号探孔深度为 2.07 m、

5 号探孔 2.27 m,均无渗漏水现象。11 月 20 日凌晨凿除完成,具备盾构到达条件。

由于盾构机到达段掘进时受到承压水的影响,为了合理减小承压水的水压,并尽量避免对地铁 1 号线造成影响,4 标项目部对到达端头进行了深井短期强降水。由于盾构到达段端头部位土体已经加固过,并经过检测,满足要求,为了避免抽潜水引起地面沉降,固潜水部分不予考虑,只是降低承压水水头。

2007 年 11 月 20 日 8:50,盾构机刀盘顶上车站接收井口地下连续墙外侧,在洞门处人工开始破除钢筋,在盾构机里,操作人员转动刀盘,方便割除钢筋,下部保护层破碎。此阶段在洞门处,洞口有局部渗水,无明流水。9:00 左右,刀盘下部 2 m 的位置突然出现 4 个较大的涌水涌砂点,并且迅速发展、扩大,涌水涌砂量约为 410 $m^3/h$,在洞门破除钢筋人员迅速撤离。9:30,盾尾急剧沉降。9:38,盾构机操作人员看到盾尾处和连接桥处局部管片角部及螺栓部位产生明显裂缝,管片角部脱落。10:40,盾构机内的人员撤离到安全的地方。由于在盾尾处管片下沉和破碎,洞内出现大量涌水涌砂,涌水涌砂量约为 500 $m^3/h$,在很短的时间内盾构机车架轨道被埋,走道板下淤积满砂子,项目部指挥中心通知洞内人员撤离。由于车站右线接收端头井里出现大量涌水和涌砂,导致车站以南地面大面积塌陷,塌陷范围沿隧道纵向约 150 m,塌陷区宽度约 20 m,最大塌坑深约 6 m,盾构机埋置于塌陷土体中。地表塌陷图如图 4.30 所示,基坑内部图如图 4.31 所示。

图 4.30 **地表塌陷图**

图 4.31　基坑内部图

处理措施：

(1)采用钢筋混凝土封堵车站右线南端头接收井口洞门和中始发站右线西端头始发井口洞门，避免已成形的区间右线隧道损坏的进一步发展。

(2)同时为保证隧道内外水土平衡，在中始发站右线西端头始发井口洞门封闭后，向区间右线隧道注水以保持隧道洞内外水土压力平衡，保证已成形的隧道不再继续损坏。

原因分析：

(1)河西地区是软土较多的地区，地质条件非常复杂，软土厚度特别深，下部有比较厚的粉细砂层，同时距离长江比较近，地下水丰富，与长江有一定的水力联系。

(2)车站由于在地铁 1 号线和 2 号线施工过程中，在位于端头接收井的位置上发生过 3 次以上的地面塌陷，该地方土体被多次扰动。

(3)河西地区范围内的土层沉积环境非常复杂，透镜体形式比较多，可能局部存在受压缩的气体，在 S-284 盾构机推进过程中，由于气体的突然释放形成地下水的通道，造成 S-284 盾构机后方的承压水沿着通道向洞内涌来，形成突发的涌水涌砂。

(4)施工场地地貌单元属长江漫滩相，基岩埋深约为 60 m，基岩面以上均为第四纪松散层，同时地下水较为丰富。由于地下水的动力作用，在 S-284 盾构机到达车站端头井部位时，局部地层可能产生空隙，形成水囊，受到外力作用后突然释放，形成水流的通路，同时远端的承压水顺着通路迅速向洞外涌出，形成突发性的涌水涌砂。

(5)车站的端头按照设计要求加固了 6 m 长，盾构机长度为 7.755 m，盾构尾部正好处于加固体与外界土体交界处，因此 1190 环处于盾尾处，1189 环处于加固体与外界土体交界处。1189 环之前的多处管片下方由于地下水和粉细砂的大量流出，造成管片下方无支撑力，因此导致 1189 环与 1190 环管片之间的连接螺栓断裂，从而造成 1189 环管片被拉裂断开而下沉，水砂从缺口处大量涌入隧道，导致盾构机被掩埋。

防范措施：

(1)地铁盾构施工中，应配备地质专业技术人员。

(2)盾构施工前，应对地质情况做出评估和预判。

(3)对于盾构机始发、接收端头的加固范围，应根据具体的地质情况，确定加固体的长度，加固体的长度要大于盾构机身长度 1～3 环。

(4)盾构施工始发、接收和降水等需编制专项技术方案，并应组织专家进行论证。

(5)严格按照盾构机安全操作规程进行操作，按技术保养规程保养，确保盾构机的安全正常使用。

## 4.6 地表塌陷

地表沉降是盾构法隧道中较常见的风险，在软弱地层、盾构上覆土过薄、上软下硬地层中时有出现。施工方应根据不同情况，通过控制盾构姿态、掘进速度、土层压力、出渣量来预防地层损失引起的地表沉降。若控制不当，就可能引起地表塌陷。

**案例 20** 粉细砂引起地表塌陷

某盾构隧道左线 LZK11＋747～LZK11＋978 段长 231 m，右线 LYK11＋742～LYK11＋983 段长 241 m，以 69°～72°的角度斜穿河道，距离河道河底 38.3～41.9 m。

河道是人工排水河道，于 1964 年竣工，2014 年进行了全面整治。根据提供的河道规划，河道上口宽 204 m，与拟建快速路相交处河道下底宽度 100 m，规划河底高程 16.38 m，规划 20 年一遇洪水位 20.66 m，规划 50 年一遇洪水位 21.95 m，规划 100 年一遇洪水位 22.63 m。现状河道在拟建快速路隧道处，在快速路西侧路跨河道桥上游 30 m 至快速路跨河道桥下游 50 m 范围内，河道岸坡采用浆砌石和预制混凝土块护砌，坡脚采用土石笼袋护角。盾构下穿河道环境风险等级为“二级”。

塌陷位置：LZK11＋800 处为中心塌陷位置。2021 年 12 月 22 日 12:00，盾构机推进 1007 环至 1.7 m 时，气泡仓液位突然升高 50 cm，切口压力随之增大 40 kPa，扭矩发生波动，为保证安全，立即停止推进，启动应急预案：降低切口压力，调整泥水环流，控制气泡仓液位。12 月 22 日 21:00 巡视人员发现地面出现沉降。沉降区平面形状大致成圆形，沉降区立体形状成漏斗形，直径约 10 m，深约1.5 m，沉降区影响范围边缘距离 DN500 高压燃气管 2 m。12 月 23 日 3:00 沉降达 1.5 m，12 月 23 日后沉降区监测数据无变化。现场塌陷图如图 4.32 所示。

图 4.32　现场塌陷图

处理过程：对塌陷区的管线保护及塌陷区处理，多次组织专家会，按照专家意见施工，最终消除风险。

(1)加强监测：在原有设计监测图的基础上增加管线上方沉降监测点。重点在并行段 DN500 高压燃气管上方土体每隔 10 m 设置监测点。

垂直下穿 DN700 高压燃气管前，在掘进轴线正上方设置直接监测点。在开挖后的管线上方安装反射片作为管线沉降监测的标记来进行监测。

(2)中盾径向注克泥效：盾构掘进过程中，采取相应施工措施，通过盾壳预留注浆孔注入克泥效填充料及时填充开挖面与盾壳之间的间隙，减小地层沉降。

(3)沉降区处理：为使沉降区地层尽快稳定，采用地面深孔注浆进行加固，本区域采用无压力填充注浆。注浆位置位于沉降区正下方(西侧距管线不少于3 m，北侧到亭子边)，注浆深度为现状地面以下25～30 m。

(4)回填：在地表注浆已完成的情况下，下一步进行沉降区分层回填压实，并恢复原貌。

(5)缺陷处理：根据项目部业主、监理、施工、设计各方内部讨论及第三方检测结果，采用高强水泥砂浆(不低于C60)进行管片修补。

原因：

(1)盾构拱顶为粉细砂地层，地层自稳性能较差，盾构掘进时断木随刀盘转动对掌子面产生扰动，之后断木进入气泡仓底部，在格栅处造成渣土滞排，进而导致掌子面失稳。

(2)盾构注浆管脱落，造成从盾构机内水土流失，导致地表土体沉陷。

**案例21** 对水塘认识不足

某市地铁2号线西延工程线路全长5.4 km，设4座地下站。某区间采用盾构法施工，区间长度为1044 m，管片外径为6.6 m，管片厚度为0.35 m。盾构区间沿尚未实现规划的市政道路敷设，下穿某大街高架桥后又下穿一处水塘。隧道主要穿越淤泥质粉质黏土层，局部穿越杂填土层。地质纵断面图如图4.33所示。

图4.33 地质纵断面图

市政道路设计方采用双轴搅拌桩，桩间距为1.8 m，桩长20 m，对某大街两侧32 m区域进行了加密加固，对水塘清淤后分层压实，回填6%灰土至规划地面标高，压实度为90%。地铁建设方回函要求：采用三种加固形式（碎石土换填、双轴搅拌桩加固、轻质土换填）间隔、交错布置，导致盾构掘进区段纵向地基、上部荷载不均匀，后期可能产生不均匀沉降和附加变形。要求地基加固设计方案应调整为均匀地基、均匀荷载，全部采用搅拌桩加固或者全部换填。市政道路工程建设方来函地铁公司时，地铁集团质安部协同地保办核查现场发现已施工；地铁公司回函要求地基处理方案进行调整；市政道路工程建设方复函后设计方案并未修改备案。

2019年6月市政道路完成路基施工，2020年1月盾构左右线施工完毕，隧道无渗漏水、裂缝、错台、破损。后期水塘被完全回填并进行了商业开发。2020年10月地铁隧道工后监测显示隧道出现渗漏水、裂缝、错台病害。左线工后沉降累计最大−64.3 mm，隧道工后沉降速率为−0.23～−0.03 mm/d，未进入稳定阶段；右线工后沉降累计最大−78.7 mm，隧道工后沉降速率为−0.26～−0.03 mm/d，未进入稳定阶段；竖向绝对收敛值左线为94 mm，右线为79 mm；水平位移左线为−46 mm（负值为偏向水塘方向），右线为−43 mm；变形皆集中发生在水塘处。且在后续的监测中显示隧道竖向绝对收敛值仍在增加。

地铁公司对区间隧道周边道路路基、地基加固情况进行取芯检测。检测显示：市政道路路基黄土填土厚度为7.5～9 m，黄土以下均为淤泥质黏土层，3号孔7.5～12 m位置、6号孔7～9.5 m位置以及7号孔9～12 m位置有少量水泥块，比较零碎。

原因分析：基于钻孔取芯结果，未发现设计要求的水泥土加固措施，故对盾构区间穿越段地层沉降及收敛变形分析如下。

(1)长江漫滩深厚软流塑地层，具有高饱和、高压缩性、低强度、高灵敏度、高流变性、高触变性的特点，在市政道路大面积、高覆填土堆载的长期作用下产生固结沉降，盾构隧道随围岩压缩沉降而发生沉降。

(2)隧道在软弱土层固结状态下，隧道顶、底沉降差造成隧道成压扁状，产生收敛变形。

(3)异常区段隧道处于水塘回填区，在回填超载作用下，水塘边坡及下卧软弱地层产生滑移趋势，导致盾构围岩侧向约束减弱，形成侧向卸载模式，增大其收敛变形，同时产生向池塘侧水平位移。

处理措施：

(1)洞外采用隔离桩，在水塘和隧道之间打设直径 1 m、间距 1.2 m 钻孔桩，桩间设置高压旋喷桩。

(2)进行地基改良加固处理，收敛变形不小于 6 cm 的采用 MJS 注浆加固。

(3)洞内采用钢环加固，环缝错台不小于 3 cm 的采用骑缝钢环加固。若收敛变形不小于 6 cm，或贯通裂缝数量不小于 3 条，采用环内钢环加固。

(4)管片裂缝修补及管片堵漏。针对存在渗漏水的管片，进行壁后聚氨酯注浆堵漏，并针对后续存在的漏水点，随漏随堵。针对管片存在裂缝，采取打磨封闭嵌缝并注环氧树脂的方式。现场注浆堵漏和裂缝修复图如图 4.34 所示。

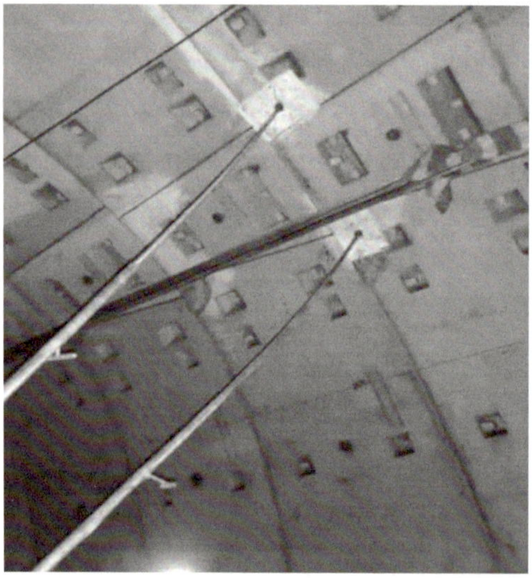

图 4.34　现场注浆堵漏和裂缝修复图

(5)收敛变形不小于 6 cm 的管片进行钢环加固来控制隧道收敛及环间错台。永久钢环加固主要分为骑缝钢环加固与环内钢环加固两种。隧道周边补充注浆处理。钢环安装图如图 4.35 所示。

图 4.35 钢环安装图

(6)洞内补充加固。隧道底 120°范围内加固体厚度不小于 3 m,其他范围加固体厚度不小于 1 m。

效果验证:2021 年 4 月加固后监测数据显示左线收敛 83.3 mm,收敛减小 15.7 mm;右线收敛 57.8 mm,收敛减小 27.2 mm。

**案例 22** 上软下硬地层造成地表塌陷

2022 年 10 月 1 日 16:25 左右,某市地铁 6 号线区间部分路面发生塌陷。塌陷区域位于某住宅区南门附近、区间左线 1630 环上方,坍塌范围约 80 $m^2$,最深处约 2 m。塌陷区域未涉及有压管线,但存在一根已破损的 DN600 污水管和一根局部变形的 DN400 雨水管。塌陷导致一电动自行车掉入坑中,车主手臂擦伤,经送医检查无碍。事情发生后,盾构立刻停止掘进并保压,立即设置警示区并封闭道路交通,临时调整公交线路并做好交通疏导工作,在道路中央设置临时围挡用于雨水管、污水管恢复处置。同时,对现场进行回填施工,塌陷区已于 2022 年 10 月 2 日 00:00 完成沥青铺设,市政道路交通已恢复,并为污水调排设置围挡,污水调排于 10 月 2 日 3:00 完成。

塌陷处所处地层为上软下硬地层,自上而下主要为杂填土、粉质黏土、全风化闪长岩、强风化闪长岩和中风化闪长岩,与掘进记录中对工程地质的描述基本一致。区间线路平纵断面未进行任何变更，盾构区间隧道施工与施工图一致。经质询与讨论，掘进参数设置合理，掘进记录完整，未见非正常数据，工程技术人员签字记录齐全，环境巡查记录齐全，并留有完整影像资料。道路塌陷图如图 4.36 所示，污水调排图如图 4.37 所示。

图 4.36　道路塌陷图

图 4.37　污水调排图

路面塌陷处置方案：首先用挖掘机破碎头对塌陷区域边缘松散损坏的路面结构进行破除并修整，然后用干燥黄土分层回填并碾压至水稳层标高，接着铺设 30 cm 水稳层并分层压实，最后铺设厚度 10 cm AC-13 中粒式沥青混凝土路面。

雨污水管恢复处置方案：

(1)污水管临时处置，现场塌陷区回填之后，由水务集团负责对塌陷管段上下游进行调排污水，并 24 小时安排人员值守以确保调排安全，临时恢复污水排放功能，以保证上游片区污水正常排放。

(2)雨水管经产权单位检测未断裂，但局部存在变形，目前可以维持正常排水功能。经了解，2022 年 10 月 4 日有降水过程，现场由玄武区雨水管管养单位进行值守，确保雨天管道正常排水。

(3)待塌陷区范围的地基加固已按照专家意见处置完毕后，分别由水务集团和雨水养护单位先后进场开展污水管和雨水管的修复工程。

原因分析：

(1)本区段盾构掘进面特殊的富水、上软下硬地层是造成本次市政道路部分路面塌陷的主要原因。

(2)为控制夜间施工噪声，盾构机不能连续施工，从而引起螺旋输送机喷涌，进而导致土体损失，这是本次事件的诱因。

后续处理措施：

(1)盾构机暂停掘进，但需做好土仓的仓压保持工作，并防止刀盘抱死。

(2)在塌陷部位及周边区域地面采取深层注浆措施，对地基进行补偿加固处理。

(3)采用地质雷达对塌陷部位及周边区域进行地层扫描，对松散区再次进行补注浆加固处理。

(4)对塌陷区管线进行摸排调查，核实管线的状态，必要时对受损管线进行修复处理。

(5)继续加强道路、周边建(构)筑物(含地下管线)和盾构隧道的监控量测工作，密切关注道路情况、周边环境、盾构机和隧道状态。

## 4.7 穿越既有建(构)筑物

既有建(构)筑物由于设计指标较低,设计人员对软弱地层认识不足,材料老化,人为装修破坏、不合理加层改造,地下工程施工影响,城市内涝等因素,可能发生倒塌风险事件。随着轨道交通建设步入高峰期,既有老旧建筑已进入了"质量报复期"。故在轨道交通施工前期,针对老旧周边建(构)筑物进行调查和鉴定意义重大。

**案例 23** 住宅楼倒塌

2019 年 8 月 28 日上午,某沿海城市某单身公寓楼发生严重沉降倾斜,使得出事楼房和附近部分楼房居民被转移。市、区有关领导第一时间赶赴现场指挥处置。经消防、住建等部门多次探测及街道社区反复排查,截至 2019 年 8 月 28 日16:00,未发现有人员伤亡情况。街道办已将附近三所学校校舍作为临时安置点,供受风险事件影响的居民休息。事件发生后,规划、建设、水务、燃气、电力、交通和地铁等部门通力合作,加强现场及周边楼房和学校安全监测,尽力消除安全隐患,防止发生次生风险事件。临近在建工地均停工,防止发生次生灾害。事故现场图如图 4.38 所示。

图 4.38　事故现场图

事件发生后，市交通运输局、市地铁集团、市物业集团、市市政设计研究院、市水务局、市气象局等7家单位提供了611份相关资料，问询共计28人，召开了13次专家会，组织中国工程院院士进行专家评审；对周边房屋采取振动监测、沉降和倾斜监测，进行了混凝土强度、配筋、截面尺寸、钢筋力学性能、氯离子含量、裂缝、保护层厚度、混凝土剥落及构件劣化等8类检测。勘察单位钻孔6个，并开展CT物探，分析了2013年9月—2019年8月这6年的InSAR沉降数据，采用Midas和Ansys软件建立空间模型进行弹塑性分析，探究沉降倾斜机理。

本建筑于1990年1月21日竣工。

(1)经鉴定，本建筑柱、梁、板的混凝土剥落面积比例分别超过50%、30%和20%，梁底面纵筋和箍筋锈蚀长度比例分别达到17.1%和55.5%，板中出现大量因钢筋锈蚀导致的混凝土胀裂，整体承载力降低，延性变差。

(2)本建筑所处地质条件复杂，淤泥层较厚、砂层厚度分布不均。

(3)选用的独立承台基础形式协调变形能力不够，选用的沉管灌注摩擦桩对地质水文条件变化敏感。

(4)在该房屋所处地质条件下，打桩顺序造成的挤密效应对周边环境扰动比较敏感。

(5)9号线地铁盾构施工期间，周边房屋墙体发生开裂，周边地面出现开裂，东北角化粪池发生坍塌。地铁施工方进行了维修加固处理，处置后沉降变形收敛，楼体结构稳定。

(6)目前隧道盾构机并未始发，为减少对房屋的影响，在盾构施工前进行常压注浆加固，注浆设计和施工应符合相关规范要求。注浆后房屋南侧地基承载力提高，减缓了南侧沉降。

调查结论：房屋沉降倾斜是各方面因素长期综合作用的结果，主要原因有以下五个方面。

(1)房屋所处地质条件差。

(2)独立基础协调性弱，沉管灌注桩综合性能不理想。

(3)干渠内长期腐蚀导致柱、梁强度降低。

(4)地铁9号线和市政隧道施工的影响。

(5)本事件为城市快速发展过程中，多种风险耦合而产生的不可预见的公共安全事件。

## 4.8 管线实际埋深不准，侵入掘进范围

城市轨道交通工程中，经常穿越大量市政管线。在设计阶段，设计院应从相关产权单位处取得管线资料并进行风险评估。但市政管线往往存在现场施工随意、管理不严、不按图施工的问题。产权单位提供的竣工图也经常与管线实际埋深不一致。故施工前应全面摸排盾构下穿的管线，对于距离盾构较近的管线建议与产权单位办理相关安全配合协议，并在现场采用挖探沟等方式探明管线实际位置和埋深，避免盾构掘进过程破坏管线而引发风险事故。

**案例 24** 管线泄漏引起爆炸

某市轨道交通 3 号线土建工程第十九标段某盾构区间，左线、右线线间距 10～14 m，平曲线最小半径 370 m；该区间左线共 197 环，右线共 1189 环，工程造价 3.09 亿元。其中左线长度为 1793.7 m，区间最大埋深 20 m，最小埋深 5.2 m。车站 A 西端头井为该区间盾构机始发井，车站 B 南端头井为盾构机接收井。

根据地质调查与钻孔结果，场区内第四系地层广泛分布，厚达 42～63 m，未见基岩、第四系更新统和全新统底层，从地面往下依次为杂填土、素填土、淤泥、黏土、淤泥质土、粉质黏土、粉细砂、中粗砂、砾卵石夹砂、泥质粉砂砾岩、泥岩。盾构区间主要在淤泥质土、黏土、粉质黏土层中穿越，发生爆炸处盾构机主要处于淤泥质土层中。现场挖探图如图 4.39 所示。

图 4.39 现场挖探图

本区间采用土压力平衡式盾构机掘进，截至2015年1月1日晚，盾构左线施工至1122环，距A车站始发井1683 m。盾构机上的固定气体检测仪发生有害气体报警，当班值班技术主管使用盾构机操作室内的便携式气体检测仪进行检查并确认有害气体超标，带班领导立即组织隧道内施工人员疏散、撤离。至1月1日23:45，作业人员全部撤离至地面，并拉闸断电。23:50，带班领导和安全主管携带便携式有害气体检测仪进入隧道进行监测确认，发现螺旋机出土口处甲烷浓度严重超标后，两人于1月2日1:10回到经理部。之后，带班领导与盾构机司机再次进入隧道内进行隐患排查。1月2日2:40，隧道内突然发生爆炸，项目部经理助理和盾构机司机失联。

直接原因：

(1)在设计图和竣工图中，左线隧道顶部的管道标注为废弃迁改的天然气管道且标高是在安全范围之内。但实际埋深与其相差较大，比设计图和竣工图中的标注埋得更深，侵入地铁隧道设计限界，被正常施工的盾构机刀片切割，管道内的天然气泄漏入隧道而引发爆炸。

(2)施工人员对危险气体认识不足，现场应急处置不当。带班领导和盾构机司机在没有采取安全措施的情况下，冒险再次进入隧道对危害气体做进一步隐患排查时，突遇爆炸导致人员死亡。

间接原因：

(1)天然气公司选用的天然气管道施工单位在天然气管道施工过程中，质量控制不严格，未考虑到拉拔管施工工艺在管道中段可能存在的下扰超深因素，提供的竣工图中管线埋深与实际不符，实际标高过深。

(2)天然气管道产权单位对该天然气管道的实际位置掌控不精准，为建设单位提供的天然气管道图纸与实际管道位置不符，导致地铁隧道设计与天然气管道局部相互干涉。

(3)地铁隧道设计单位依据建设单位提供的地下管线资料进行设计时，未能考虑到天然气管道局部实际埋深可能存在比提供的管线资料要深的不利因素，导致设计的车站A至车站B区间隧道外轮廓线与天然气管道之间安全间距不足，相互干涉。

(4)盾构法施工经理部施工前未与天然气管道产权单位办理相关安全配合协议，未在现场复核管线情况，在盾构机穿越天然气管道前未报请天然气管道产权单位派员到现场监控。施工前未对管线进行认真调查，未采用竣工图核对管线标高，未在盾构机与天然气管线相交点附近挖探沟探明天然气管线实际埋深。

(5)盾构法施工经理部危险源辨识和安全教育培训不到位，人员应急处置能力不足。在穿越天然气管道前，未对可能存在的风险进行有效辨识，未针对天然气管道破损做专项安全技术交底和应急预案，致使当发现有害气体超标报警后，在未向建设单位和政府应急管理部门报告的情况下，冒险再次进入隧道排查险情。

总结：

(1)地铁建设单位应加强与天然气管道施工单位、天然气管道产权单位及其他地下隐蔽管线、建筑物施工和产权单位的沟通，要求其及时、准确进行管线交底，提供与地铁相关的地下隐蔽管线、建筑物的位置、标高、走向等详细信息。

(2)地铁施工单位应加强与建设单位、设计单位的沟通，建议其充分考虑地下管线、建筑物等障碍物对地铁施工的影响和相关资料的不确定性，合理选择安全间距。

(3)地铁施工单位应加强对地下管线、建筑物等的调查和保护工作。

(4)地铁施工单位应真正落实风险源辨识评价制度，对新动工的工序，必须由项目经理组织生产部门全体人员、经验丰富的相关人员(监理、外协队伍等)，必要时邀请专家，召开风险源辨识评价会，对影响施工安全的风险进行全面分析，保证重大风险源不被遗漏。

(5)地铁施工单位应严格执行技术交底和安全技术交底制度，做到所有从事施工作业的人员都能掌握工序的作业标准、操作要求，了解存在的危险点和应对措施，提高人员的安全意识。严禁违反设计和施工方案、交底书要求而随意施工的行为发生。

(6)地铁施工单位应加强应急逃生知识和应急救援知识培训。按照《企业安全生产应急管理九条规定》等有关规定要求，针对项目重大风险源编制有针对性和可操作的应急预案，做好应急物资、装备、队伍等各项应急准备，适时组织培训和演练，使管理人员、施工人员熟知工程施工和本岗位危险源的管控状况，掌握风险事件发生的处置方法，切实提高员工应急逃生能力和应急救援处置能力，严禁风险事件发生后违章指挥、冒险施救。

**案例 25** 自来水主管爆裂

某市地铁3号线施工七标某区间长约2323 m，其中区间风井采用矿山法施工，区间风井至某大江段采用矿山法施作初期支护、盾构空推拼装管片的方法，其余区间采用泥水平衡盾构法施工，盾构始发井布设于车站A，区间风井兼作盾构吊出井。车站A为地下三层车站，位于某大道和二环线交叉口东南，2台盾构机于车站A南端头始发穿越某大江。始发井隧顶埋深16.2 m。

2014年12月24日4:40，车站A北端头外某大道与车站施工围挡交界处直径1000 mm自来水主管突然发生爆裂，大量高压水喷涌而出，从不同方向涌入车站主体基坑和已经掘进的右线隧道内。项目部施工人员发现险情后迅速启动了应急预案：开启2台应急防洪泵进行抽排；组织人员抢险，但因进入基坑内通道的水较多，水压水量过大，无法有效封堵；施工方迅速通知水务集团至现场进行处理；对右线停机位置周边建筑物加大了监测频率，并准备进行周边人员疏散；调集多台水泵至工地来抽排基坑内积水。12月24日5:00，因车站基坑内积水过深淹没配电柜等导致停电。至12月24日5:10，水务集团主供水管道阀关闭，涌水停止，初步估算车站内积水深4 m，水量约$2\times10^4$ $m^3$。涌水图如图4.40所示。

图4.40 涌水图

盾构机从12月24日被淹至2015年3月11日恢复掘进，历经3个半月，经济损失约3000万元。

原因分析：

(1)施工期间自来水管线位于车站围挡以外，盾构始发施工期间基本不受管线干扰。估计为管线老化形成的局部爆裂进而引发连锁反应。

(2)由于盾构始发端所处车站A由其他单位组织施工，区间隧道盾构机借用本站始发，造成场地工作面重叠，且对车站基坑防洪安全场地调查不足。

(3)对主供水管道的泄水量估计不足，应急防洪水泵准备不足，最终导致涌水进入隧道而淹没盾构机。

处理措施：

(1)抽排车站内积水。

(2)优先恢复保压系统，在保压系统恢复前，采用泥浆管加压及启用内燃空压机等各项保压措施，保证掌子面与地面建筑稳定安全。

(3)首先接外部电源，恢复盾构机照明，以方便工作；用清水对被水淹没的位置进行冲洗，把残留的淤泥等污渍冲洗干净；将主控室及所有的动力柜、配件箱清理干净，再将外接白炽灯放入主控室及动力柜、配电箱内，以提高温度，保持干燥；检查盾构机上所有被水淹没位置的元器件损坏情况，同时查找有无积水，若有积水，将积水清理干净；拆除被水淹没的所有电机及泵头，吊出后在地面上清洗、烘烤；拆除被水淹没的所有电气元件，清洗后放入集装箱内烘烤；保压系统拆除后清洗，然后返厂维修；元器件清洗烘烤完成后，能进行检测的在现场进行检测，需要委外检测的进行委外检测；电机烘烤完成后进行检测，确定损坏的进行采购更换；所有元器件清洗烘烤完成、盾构机上清洁工作完成、配件箱内烘烤完成后，将拆除的元器件原位安装，安装完成后，按照调试程序，通电进行调试。

总结：

(1)地铁施工单位应联合城市管网相关单位调查施工现场周边主要管线情况，掌握自来水管道、天然气管道、有毒气体管道、城市污水排放主要管道、城市电缆及军用电缆埋深情况，制定盾构机穿越管线管道保护方案措施，盾构机穿越管线管道时相关产权单位应安排人员现场值班。

(2)根据地铁公司要求，后期盾构隧道施工时在洞门处增加设备防淹门卡，在雨季和突发大水时使用钢板门或沙袋及时对隧道口进行封堵，防止积水进入隧道内。

(3)地铁施工单位应加强日常应急物资准备管理工作,确保应对突发风险事件时相关物资能及时到位。

(4)项目进场后,如遇周边自来水厂、重大厂矿等供输水量大的企业,需对项目施工阶段的防洪设备进行升级,并加修防洪结构。

## 4.9 上软下硬地层刀头磨破盾壳

**案例26** 上软下硬地层刀头磨破盾壳

2014年4月2日,某市轨道交通区间下行线自中间竖井始发推进至A站,施工遇到阻碍。盾构机2013年9月26日下井安装,2013年10月16日完成与原隧道管片对接,2013年11月24日开始始发掘进施工,2014年4月2日,盾构机刀盘进入A站南端头土体加固区域,发现盾构机参数异常,无法顺利通过加固体。经过分析,盾构机刀盘磨损严重,需要修复刀盘和刀具,因此,采用地面挖孔、开仓换刀的方式进行处理。

本标段区间地质条件较为复杂。区间隧道穿越部位主要有细砂、中砂、粗砂、砾砂、圆砾局部夹带泥质粉砂岩等地层。场地地表水主要来自某大江,拟建场地浅层地下水属上层滞水、孔隙性渗水、微承压水,孔隙水主要赋存于表层填土及砂土、砂砾、圆砾中,微承压水主要赋存于泥岩中。

由于盾构机刀盘周边磨损可能比较严重,而在土仓内不利于进行周边刀具焊接,且盾构机正面刮刀在土仓内不能焊接,因此本次不能在土仓内进行换刀。由于盾构机切口已进入加固区80 cm,刀盘进入75 cm,为确保盾构机能够顺利完成接收,决定采用地面挖孔进行换刀,挖孔护壁采用直径1.7 m、厚度10 mm的钢护筒。计划将加固区内切口位置向盾构主体移10 cm作为钢护筒中心,钢护筒有1.6 m位于加固区内、10 cm位于原状土内,计划采用反循环钻机钻孔(孔直径1.8 m,深度10 m);采用直径1.7 m、壁厚10 mm的钢护筒下至盾构机刀盘顶部,深度约10 m处。预留约10 cm采用人工挖至刀盘处,在刀盘周边增加刀具,增大刀盘开挖直径。先进行挖孔,待检查刀盘后进行刀具配置,随后进行换刀施工。

原因分析:由于施工情况正常,刀盘配置经过专家评审,初步判断为存在部分掘进地层与地质报告不符,掘进位置存在中风化泥质粉砂岩,形成典型上软下硬地层。盾构机底部切削岩层，造成刀盘周边磨损严重。

总结：建议外侧三根倒挂脚手架最好在洞圈外，这样做有以下几个作用。

(1)倒挂脚手架有条件做宽，焊工在上面便于工作且安全。

(2)内侧脚手架有条件远离板块，在拉板块时不易碰撞脚手架。

(3)最后割除倒挂脚手架时比较方便，并且不易损坏“袜套”。

## 4.10 联络通道冻结法未达冻结要求

**案例27** 冻结法未冻住

某市轨道交通4号线某区间隧道上行线长2001 m，下行线长1987 m，其中过江段440 m。区间隧道拱顶最大埋深为37.7 m，隧道中心线水平距离为10.984 m，隧道最大坡度为3.2%。盾构机从东向西推进，在穿越某大江后经防汛墙、外马路、泵站、音像制品批发交易市场进入市政道路后，隧道上下行线逐渐由水平并行转为垂直叠落推进，直至接收站。正线掘进完成后采用冻结法施工联络通道。联络通道区域东侧为泵站，沿某大江一侧是防汛墙，防汛墙为L型钢筋混凝土墙，从20世纪60年代至今经过三次加固；西侧为建筑和音像市场。联络通道区域周边主要道路的上、下敷设有上水、电力、煤气、通信、电缆、雨污水等各类管线。市政道路交通十分繁忙，车辆较多。

2003年7月1日凌晨，联络通道发生涌水涌砂，导致隧道上、下行线严重积水，进泥砂。同时地面开始出现裂缝、沉降。6:00，音像楼发生明显变形，墙面开裂，房屋开始倾斜。7:30，地面裂缝明显加大，沉降加快。泵站明显沉降、倾斜，风井也明显沉陷。9:00，音像楼裙房发生二次突沉，并部分坍塌，大楼继续倾斜，墙面开裂加剧。15:00，地面沉陷加快，并逐步形成沉陷漏斗。坍塌范围扩展到多条市政道路、防汛墙。20:00，防汛墙也开始出现裂缝，沉降进一步发展。7月2日—7月3日，隧道内继续大量进水，水位上涨速度较快，约每小时涨移15 m。管片损坏程度进一步扩展，并有管片连接螺栓绷断，响声传出。地面沉陷的范围和深度在进一步扩大，以风井为中心的地面从沉陷漏斗发展成塌陷区，最深达4 m，临江大厦门口地面塌陷最深处约2 m，市政道路沉陷达1 m，地面开裂发展加快。音像市场倾斜加剧，楼板断裂，泵站发生突沉，临江某大厦沉降速率加快，沉降量达12.2 mm，地下室出现裂缝。河床严重扰动、下沉、滑移，近 30 m 防汛墙倒塌，近 70 m 防汛墙结构严重破坏，某大江水冲向风井，并由风井进入地下隧道，加剧险情发展。直接经济损失初步估算约为 1.5 亿元。事故现场图如图 4.41 所示。

图 4.41　事故现场图

原因分析：

(1)分包单位项目部对原施工组织设计进行调整，制定了《冻结法施工方案调整》，降低对冻土平均温度要求：－10 ℃变为－8 ℃。但方案调整未按规定经盾构工程分公司、总包单位审批及监理公司审定，总包单位项目部也未编制相应调整的施工组织设计。专家认定方案调整存在欠缺。调整后的方案降低了对冻土平均温度的要求，下行线选用的小型制冷机，计算时未考虑夏季施工冷量损失系数，制冷余量不足，联络通道处垂直冻结管数量由 24 根减少至 22 根，长度缩短 16～25 m，造成联络通道与下行线隧道腰线以下交汇部冻土薄弱，下行线仅设单排 6 个冻结斜孔，其冻结效果不足以抵御该部位的水土压力。

(2)联络通道设计要求冻结时间 50 天，实际只有 43 天，施工方在冻结条件不充分的情况下进行开挖。

(3)当压力水流出时，土温上升，水压力达到承压水压力，现场人员没有采取紧急止水措施，也未向建设单位和监理单位汇报。在用于冻结法施工的制冷设备发生故障、险情征兆出现、工程已经停工的情况下，现场未配备有效的备用制冷设备，现场管理人员没有及时采取有效措施、违章指挥施工，导致这起风险事件发生。

(4)总包单位现场管理失控，监理单位现场监理失职。

抢险措施：

(1)2003 年 7 月 1 日，在距两侧车站约几百米处各筑一道水泥封堵墙，防止涌水蔓延。2003 年 7 月 3 日—7 月 4 日，在两侧车站端头井处设置第二道钢筋混凝土封堵墙，并架设支撑和预埋加水管，保护车站。

(2)封堵隧道，向隧道内灌水，尽快形成和保持隧道内外水土压力平衡。随着水泥封堵墙完成和钢筋混凝土封堵墙施工，从 2003 年 7 月 2 日晚开始向隧道内灌水，使隧道内外的水土压力平衡，保护隧道管片，并通过水压自动监控系统，实时检测水位、水压和流量。

(3)减少地面附加荷载，减小对地面的冲击。拆除地面及周边部分建筑物。

(4)防止江水和地表水进入风险事件区段。2003 年 7 月 2 日启动紧急防汛抢险预案，加厚、加高、加固防汛围堰。注水、灌砂并把趸船下沉座滩，作为围堰抗滑措施，在趸船外打钢板桩稳定堤脚，加高、加厚围堰主堤，增强主堤整体性和牢固性。在临江道路上筑第二道堤，两道堤间回填砂土石，对主堤沉陷区进行回填。

(5)对沿江防汛墙和防汛围堰大堤实施全过程监测。

(6)对风井实施加盖、封闭。

(7)采用旋喷桩，对渗水处紧急封堵；沿隧道轴线两侧进行深层注浆。

(8)2003 年 7 月 1 日，先后关闭本区域上水阀门，临时布置抢险用水；切断燃气管线，防止煤气泄漏；切断电源，拆除电力设备。

## 4.11 隧道下穿砂层

在设计前期阶段，选线时应规避不良地质、大量下穿敏感建(构)筑物等重大风险源。前期合理的选线是降低工程造价的根本。对于选线阶段无法规避的风险源，应选用适用性更强的工法，选择更合理的工法是工程建设成败的关键。

**案例 28** 穿越砂层引起地表塌陷

某城际轨道交通项目，区间隧道位于河道与快速干线之间的荒地，隧道开挖轮廓净距 4.5～5.5 m，线路北侧为某厂厂房及职工宿舍，该段隧道拱顶埋深 14～18 m。场地平面卫星图、地表周边建筑物、Ⅵ级围岩隧道复合式衬砌断面图如图 4.42～图 4.44 所示。

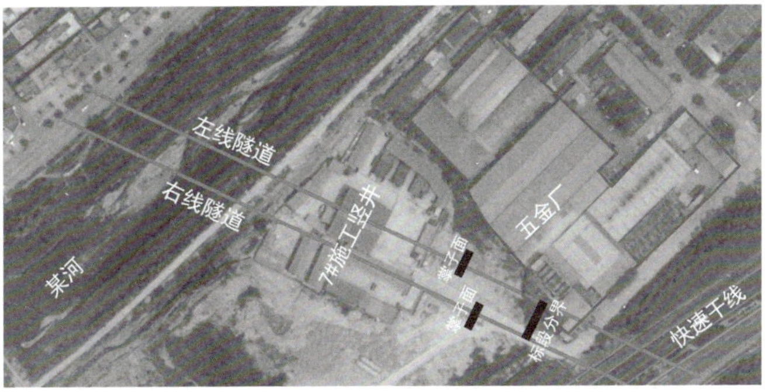


图 4.42 场地平面卫星图

图 4.43 地表周边建筑物

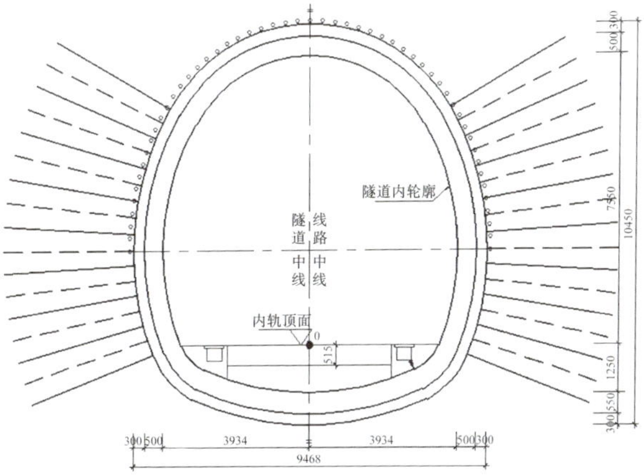


图 4.44 Ⅵ级围岩隧道复合式衬砌断面图(图中数据单位为 mm)

该段隧道由上至下主要为素填土、中砂及粗砂层、W4全风化～W2弱风化泥质砂岩地层，左线有强风化花岗斑岩侵入岩。其中中、粗砂层饱和，最厚达10 m，隧道洞身基本位于W4～W3全强风化泥质砂岩地层，拱顶与砂层之间的W4全风化泥质砂岩隔断层厚度为0.5～6.0 m。隧道以西约150 m，下穿某河，地表水主要为某河河水，勘测期间水量较少，水量随季节变化明显，河床的底部砂层与砂层连通，雨季河水对地下水进行显著补给。地下水主要为孔隙水及裂隙水，其中富水砂层与某河有水力联系。左线地质纵断面图如图4.45所示，右线地质纵断面图如图4.46所示。

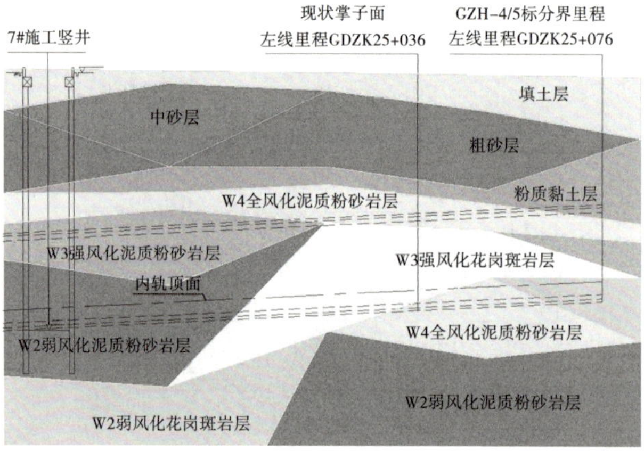


图4.45 左线地质纵断面图

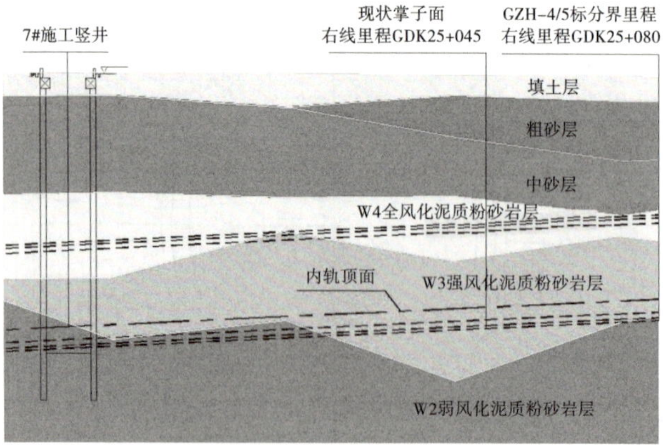


图4.46 右线地质纵断面图

施工图显示，该段隧道为矿山法区间隧道，采用中隔壁(CD)法开挖，洞外辅助措施为采用地表注浆对地层进行加固。地表注浆采用水泥-水玻璃浆液，浆液扩散半径 $R=50$ cm，注浆孔间距 80 cm，梅花形布置。注浆压力：初压 0.5～1.0 MPa，稳压 2.0～3.0 MPa。采用 42.5 型普通硅酸盐水泥，水灰比为 1∶0.75～1∶1，水玻璃浓度为 35 °Bé，模数为 2.6，相关注浆参数根据现场试验进行调整。注浆范围为横断面范围，水平方向为左线隧道开挖轮廓线以外 5.5 m 至右线隧道开挖轮廓线以外 2.8 m 之间范围；竖向为隧道拱顶以上 5.0 m 至 W4 全风化岩层底面以下 1.0 m 之间范围。地表注浆横断面图如图 4.47 所示。

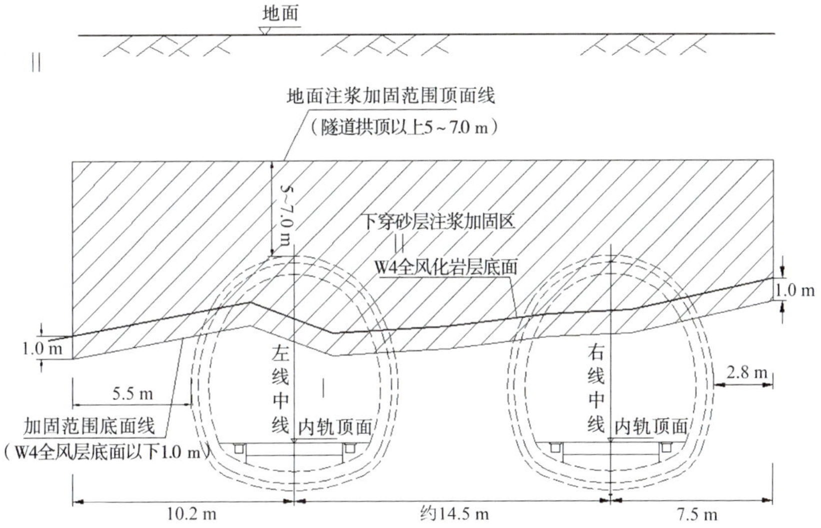


图 4.47　地表注浆横断面图

2011 年 5 月 4 日，7# 施工竖井大里程右线隧道出现塌方，影响较大，塌方面积约 400 $m^2$，临近工棚受损。第一次塌方位置图如图 4.48 所示，现场塌方图如图 4.49～图 4.51 所示。

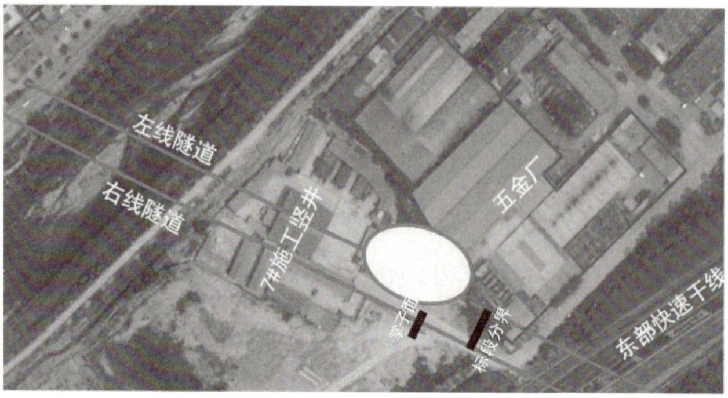


图 4.48　第一次塌方位置图

图 4.49　现场塌方图(一)

图 4.50　现场塌方图(二)

图 4.51　现场塌方图(三)

2012 年 9 月,左线里程 GDZK25+036 处,突然出现大量涌水夹杂泥砂,为确保人员安全,施工单位立即组织隧道内人员撤离,同时通知线路周边地面厂房内人员立即撤离。随着塌陷面积不断扩大,形成地面约 1800 $m^2$ 塌方区,塌方区波及五金厂,造成两座单层车间南端墙体损坏,受损厂房面积约200 $m^2$,未造成人员伤亡。第二次塌方位置图如图 4.52 所示,现场塌方图如图 4.53 所示。

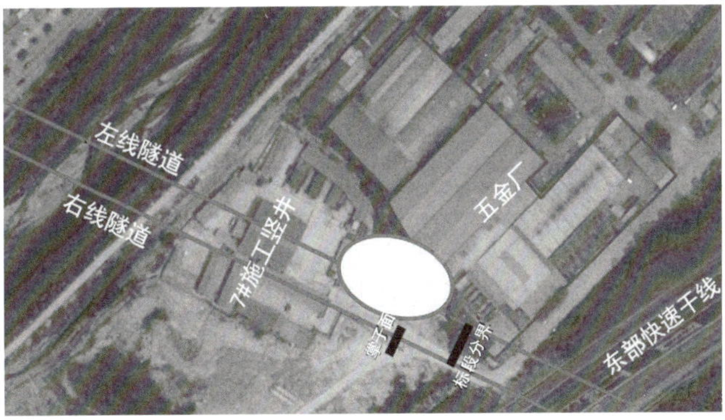


图 4.52　第二次塌方位置图

图 4.53　现场塌方图

右线于 2011 年 5 月出现砂层涌水涌泥、地面塌陷的风险事件，第一次塌方原因主要有：

(1)左线隧道开挖超前右线 10 m 左右，左线在开挖过程中采用爆破开挖，对右线隧道围岩有一定的扰动。

(2)根据对监理与施工单位的调查核实，该段下穿砂层注浆工作完成于部省合作前，部省合作后，由于线路的调整，设计方重新出图，并对两线间未进行注浆加固的范围进行补充注浆。经核实，现场未进行补充注浆。

(3)事件发生时正值雨季，连续两天的降雨使河道水位上涨，塌方部位砂层与河道水力有联系，砂层含水量增加。

综合以上原因，塌方部位左线隧道拱顶以上 W3 地层及加固土体局部薄弱部位被击穿，造成塌方。

第二次塌方原因分析：

(1)隧道塌陷处位于老河道，距现状河道东侧约 135 m，隧道拱顶埋深约 14 m，上方存在厚达 10 m 的砂层，且与河道有水力联系。事件发生期间连降暴雨，河道水位起伏较大，在水位反复变化作用下，砂层形成巨大的泥水囊，隧道开挖掘进时，在水压作用下，泥水囊击穿隧道拱顶土层，导致瞬间大量泥砂涌入隧道，地面形成塌陷区。

(2)该段隧道发生第一次塌方风险事件后，业主检查发现施工单位及监理单位均确认仅对 36 个孔做了检验，检验结果显示 100%合格但无岩芯照片资料，检验比例未达到相关规范要求。因此业主要求施工单位除对未进行注浆的部分进行补充注浆外，建议施工单位另换一家第三方检测单位对该段落内砂层注浆效果重新进行全面检测，但最终未见有相关的注浆检测报告形成。

(3)该段隧道发生第一次塌方后，业主单位曾要求该段复工前，对还未开挖段落采取一定措施进行处理，以防止类似情况发生。施工单位复工前的相关处理方案并未上报设计单位，也未同设计单位沟通，设计单位也并不知其是否有相关处理措施。

(4)在本次塌方地段，原设计隧道开挖采用 CD 法，但经现场检查发现，施工单位施工便利，将 CD 法更改为带临时仰拱的台阶法，施工单位反映拟进行工法变更，但塌方发生时还未进行相应变更程序，也未征得设计单位同意。

(5)根据现场塌方暴露出的注浆管发现，注浆孔间距并非设计的 0.8 m，注浆孔布置间距大于 1.0 m，单根注浆管实际扩散范围存在仅在注浆管周边形成一个柱状浆液凝固体的情况，部分注浆管的注浆体并未相互搭接，即被加固地层未形成一个完整的加固体。

(6)该段隧道右线隧道洞身基本位于 W3 强风化泥质砂岩层，左线隧道洞身基本位于 W3 强风化花岗斑岩层。施工单位在隧道开挖过程中均采用爆破开挖，本次塌方与施工单位施工冒进、爆破装药量过大、爆破控制不到位有关。右线爆破施工先期对隧道周围岩体扰动后，左线后期爆破施工再次对隧道拱部地层产生严重扰动。

后续处理：2013 年 5 月 11 日，业主组织召开隧道过砂层处理方案审查会。根据评审意见、会议纪要对该段隧道施工辅助措施进行变更预设计，该段隧道施工辅助措施采用单排洞内水平旋喷桩＋地表井点降水。

会后建设方和设计方考虑隧道所处复杂地层条件及周边环境的客观情况，为进一步加强隧道下穿砂层施工辅助措施，防止隧道施工发生涌水涌砂、地表塌陷等重大安全风险事件，在隧道支护参数及工法不做调整情况下，提出以下三种辅助措施方案供研究。

方案 1：水平旋喷桩＋井点降水＋每循环地表旋喷桩封堵。拱部 180°布设直径 600 mm、间距 400 mm 单排水平旋喷桩，上半断面掌子面布置 9 根锚固桩，成桩长度为 18 m，相邻循环纵向搭接长度为 3 m，每循环标准距离为15 m。

旋喷注浆压力不小于 35 MPa，掌子面喷射 20 cm 厚 C25 混凝土封闭。左、右线隧道中间及外侧布置直径 700 mm 降水井，沿线路每间距 10 m 布置一处，呈梅花形布置，降水至隧底以下 1 m，直至二衬浇注完成。每一循环水平旋喷桩端头后 3 m 处，施作 3 排直径 500 mm 竖向地表旋喷桩封堵，防止本循环隧道开挖至水平旋喷桩端头时掌子面发生涌水涌砂。地表旋喷桩竖向范围为拱顶上 2 m 至拱腰，水平范围为开挖轮廓外 2 m。辅助措施费用约 655 万元。辅助措施横断面图如图 4.54 所示。

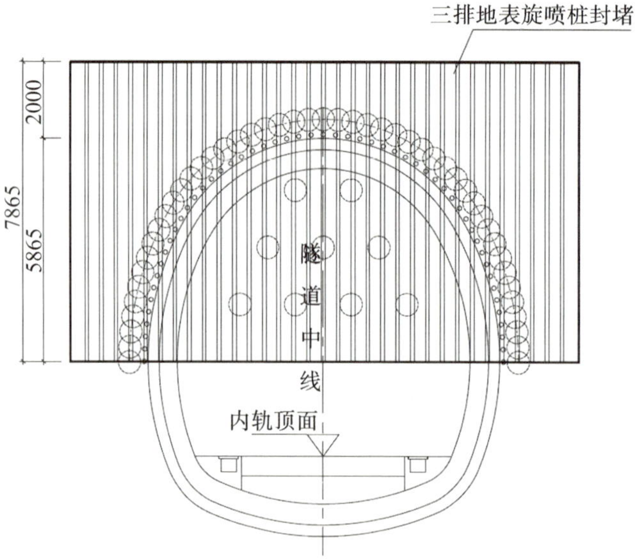


图 4.54　辅助措施横断面图(图中数据单位为 mm)

方案 2：止水帷幕＋井点降水＋洞内半断面注浆。左、右线隧道外侧 2 m 及大里程标段分界端头设置 600 mm 厚止水墙作为止水帷幕，采用 C30 水下素混凝土，深度由地表至进入 W2 弱风化层 1 m。GDK25＋030 处施作三排直径 500 mm 旋喷桩止水帷幕，间距 300 mm，加固范围为隧道上方由地表至拱顶初支外，隧道两侧由地表至隧道底部。洞内未开挖段隧道采取半断面注浆加固措施，加固范围为上半部掌子面及上半部掌子面开挖轮廓外 3 m，采用水泥-水玻璃双液浆。止水帷幕内布置直径 700 mm 降水井，降水至隧底以下1 m，直至二衬浇注完成。辅助措施工程造价约 802 万元。辅助措施横断面图如图 4.55 所示，半断面注浆纵断面图如图 4.56 所示。

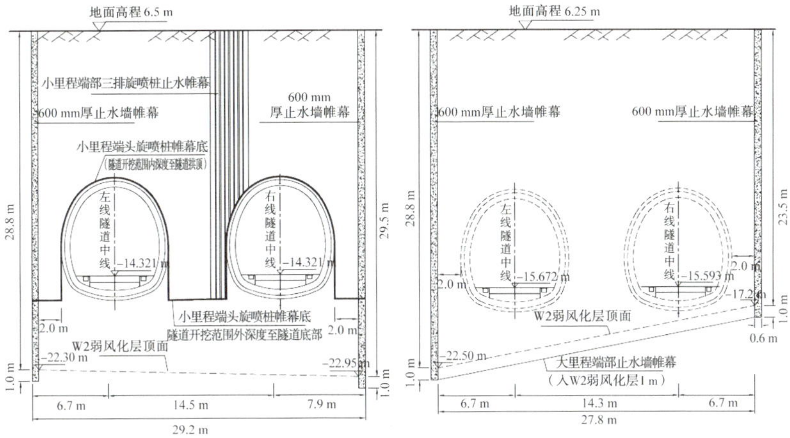


图 4.55　辅助措施横断面图

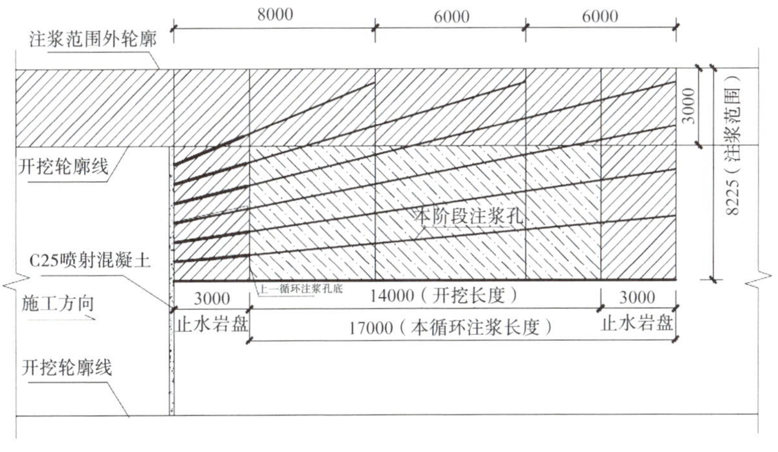


图 4.56　半断面注浆纵断面图(图中数据单位为 m)

方案 3：止水帷幕＋井点降水＋洞内水平旋喷桩。右线隧道外侧 2 m 及大里程标段分界端头设置 600 mm 厚止水墙作为止水帷幕，采用 C30 水下素混凝土，深度由地表至进入 W2 弱风化层 1 m。GDK25＋030 处施作三排直径 500 mm旋喷桩止水帷幕，间距 300 mm，加固范围为隧道上方由地表至拱顶初支外，隧道两侧由地表至隧道底部。拱部 180°布设直径 600 mm、间距 400 mm 单排水平旋喷桩，上半断面掌子面布置 9 根锚固桩，成桩长度 18 m，相邻循环纵向搭接长度 3 m，每循环标准距离 15 m。止水帷幕内布置直径700 mm降水井，降水至隧底以下 1 m，直至二衬浇注完成。辅助措施工程造价约 950 万元。辅助措施横断面图如图 4.57 所示，水平旋喷桩纵断面图如图 4.58 所示。

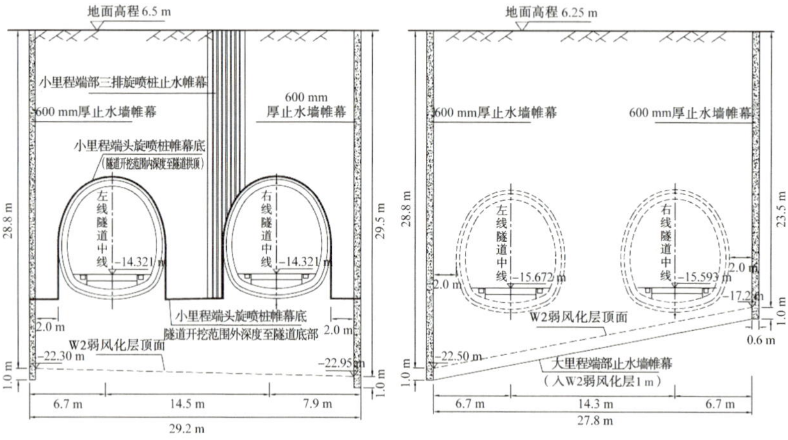


图 4.57　辅助措施横断面图

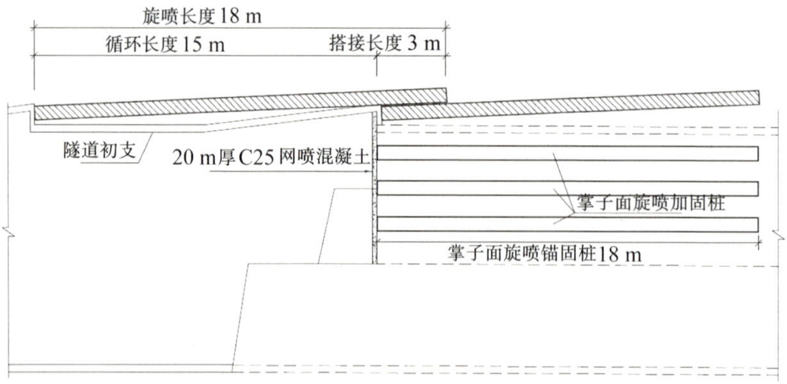


图 4.58　水平旋喷桩纵断面图

结论：经过对上述方案的综合比较，根据环境条件和工程地质条件，综合考虑投资、工程风险等因素，为进一步保证隧道下穿砂层的绝对安全，消除之前塌方等引起的不良社会影响，迅速消除工程存在的安全隐患，扭转不利形势，最终采用方案3。

## 4.12 区间仰拱隆起

**案例29** 区间仰拱隆起

某区间隧道总长1124.7 m，包括矿山法区间隧道主体、联络通道等工程。施工期间设一个临时施工竖井及横通道，中心里程为DK9＋764.361。在区间线路最低点处设联络通道，与泵房合建。本区间隧道采用矿山法施工，为单洞单线、马蹄形断面，使用复合式衬砌。区间正线线间距11～16.171 m，区间地质主要为中风化板岩，区间结构底最大覆土厚度为43.04 m，最小覆土厚度为16.28 m。区间初支结构采用格栅锚喷支护，二衬结构为C30钢筋混凝土结构，抗渗等级为P10。自2023年10月开始，由于岩层裂隙中承压水的积聚，水压逐渐上升，引起仰拱隆起病害，具体过程如下。

(1)右线：本区间右线DK10＋260里程处，位于中山公园内，地上为树木及绿地，无建筑物，拱部埋深43.3 m，隧道地质主要为中风化板岩，地下水主要在基岩裂隙中，略具承压性，水量中等，地下水无化学侵蚀，但在开挖过程中，该段水量较大。

2013年10月15日9:00左右，区间已完成二衬浇筑，现场技术人员在巡查过程中发现区间右线该段仰拱有隆起现象，隆起部位纵向长度6～7 m，隆起高度约0.5 m，且还在继续隆起，并伴有混凝土被挤压的声响。现场人员立即上报项目部，项目部安排人员查看后，立刻上报地铁指挥部，指挥部领导来现场查看情况后，要求现场立即对隆起部位进行钻孔、泄压，然后重新施作该段仰拱二衬结构。在凿除仰拱并破开防水板进行放水时，水压较大，水柱超过半米高。经各方研究确定，采用重做仰拱并预留泄水孔进行排水的方案进行治理。10月16日—10月23日，施工方按要求进行治理工作。区间右线仰拱隆起现场照片如图4.59所示，右线仰拱处理完后预留泄水孔排水如图4.60所示。

图 4.59　区间右线仰拱隆起现场照片

图 4.60　右线仰拱处理完后预留泄水孔排水

(2)左线:区间左线 DK10+225～DK10+255 里程段,位于中山公园内,地上为树木及绿地,无建筑物,该段拱部埋深 42～43 m,隧道地质主要为中风化板岩,地下水主要赋存于基岩裂隙中,略具承压性,水量中等,地下水无化学侵蚀。但在开挖过程中,该段水量较大。

2013 年 10 月 24 日 13:30 左右,现场人员在巡查过程中发现区间左线该段仰拱有上拱现象,并伴有混凝土被挤压的声响,现场仰拱上拱高度约 0.6 m,上拱仰拱段纵向长度20～22 m。随后项目部人员立即到现场查看,并立刻上报地铁指挥部。查看后,指挥部要求现场对起鼓位置进行打孔泄压,要求现场对上拱段混凝土全部进行凿除,破开防水板,预留排水管,对承压水进行外排,并重新施作该段仰拱二衬结构。2013年10月25日—11月3日,现场按要求完成治理作业。

(3)铺轨后隆起:区间右线DK10+040段小里程半边地貌为剥蚀低丘陵,地层为第四系全新统人工堆积层,下伏震旦系长岭子组板岩层,围岩为中风化板岩层,围岩等级为Ⅳ级,围岩开挖等级为Ⅴ级,地下水主要赋存于基岩裂隙中,具有承压性;大里程半边地貌为坡残积台地,隧道围岩为中风化辉绿岩,节理裂隙发育,围岩等级为Ⅲ级,地下水类型主要为基岩裂隙水,主要赋存于中风化岩层中,水量中等,该段处于板岩与辉绿岩交接处。该隆起段拱部埋深33 m,仰拱至地面高度39 m;起拱里程为区间右线DK10+028～DK10+052。

2014年11月17日17:30,现场施工人员在巡查过程中发现该区间右线该段轨道板有裂缝,紧接着轨道板就开始拱起,截至19:00左右,该段仰拱起拱最高处已隆起30～40 mm高。施工方立刻组织人员在隆起段大小里程两侧水沟里打孔泄压,泄压孔孔径为50 mm,打孔后水压较大,水喷射高度0.8～1.0 m,随后逐渐降低。仰拱隆起现场照片如图4.61和图4.62所示。

图4.61 仰拱隆起现场照片(一)

图 4.62　仰拱隆起现场照片(二)

处理方案：

(1)该区间左右线渗漏水较大的段落不宜再封堵，应考虑打设排水孔引排，采取泄压的方案，同时加大区间泵房容量和排水能力。

(2)针对该区间开挖时期水量较大段仍存在的仰拱隆起的风险，采用钢筋、自进式锚管对轨道板与仰拱下岩体进行锚固，增加仰拱整体承载力，确保仰拱结构稳定。

## 4.13　盾构开仓作业

盾构区间的施工风险主要体现在几个方面：盾构始发、盾构接收、联络通道施工、盾构机换刀。盾构机换刀一般发生在土岩结合的地质复杂地区，盾构机掘进导致刀具磨损较大时，需施工人员进入土仓进行检修、更换刀具。为防止换刀期间因土仓清空导致的开挖面失稳、塌方，一般需要在开挖面采用压缩空气保压(一般为 0.36 MPa)，防止开挖面塌方。

**案例 30**　开仓引发火灾

2018 年 1 月 25 日，某市地铁 21 号线区间左线，盾构机带压开仓换刀，过程中因电缆短路引发火灾，加上仓内人员缺乏消防安全与应急防护装备，无法实施有效自救,仓外作业人员极速泄压使盾泥泥膜失效,掌子面失稳坍塌将作业人员埋压,造成 3 人死亡,直接经济损失 1008.98 万元。

原因分析:施工单位未有效排除焊机电缆线绝缘破损、安全设备及监控设施故障等安全隐患,应急预案缺乏针对性、应急物资配备不足;施工管理缺位,监理单位履职不到位。

处罚:事件发生后,施工、监理、分包单位存在谎报、瞒报行为,均受到处罚。参与谎报事故的施工单位项目部执行经理等 5 人被移送司法机关处理,给予施工单位法定代表人等 17 人党纪、政务处分或其他问责处罚,依法对施工单位、监理单位、外包单位及其相关人员实施行政处罚。

总结:本案例事发地有多部地方标准、企业标准针对开仓作业制定了详细规定,以规避开仓作业风险。

盾构施工单位应预先根据区间地质情况、区间长度、刀具耐磨性等情况制定换刀计划,确定换刀地点与换刀方法。换刀地点选取应尽量避免在建筑物、城市主干道及管线周围。按照成都地铁多年在刀具配置和换刀距离方面的经验总结,要求施工单位每 500 m 左右必须进行一次刀具检查或更换。

盾构施工单位应结合不同的地质条件采取针对性的降水和地层加固措施,确保换刀过程的安全。在换刀作业前盾构施工单位必须编制盾构开仓换刀施工方案。经投融资单位、监理单位和建设公司审批后,由监理组织进行开仓条件验收,验收通过后方可进行开仓作业。

盾构施工中若遇到在建筑物下特殊纠偏或开仓等情况时,应制定专项方案。由投融资单位组织专家进行方案评审,评审完成后盾构施工单位按专家意见完善施工方案。待各项准备工作完成后,由监理组织进行开工条件验收,验收通过后方可施工。

如果地质条件不具备常压开仓换刀条件,必须采用压气带压换刀方法,应遵循以下原则:带压换刀方案应通过专家评审;应遵守国家压气作业相关规定;带压换刀作业人员须经过体检与培训合格后方能进仓作业;带压进仓作业设备须进行全面检查和试运行,两套压气调节设备应全部正常;除盾构本身电力空压机进行供气之处,还应备用一套柴油空压机,以保证停电时也可以不间断供气;压气过程中应有专业压气医师进行压气指导;压气仓内属特别潮湿环境,只允许使用 12 V 及以下安全电压电源。

超规模及特别危大工程开工前应具备的安全条件：深基坑施工以及开仓换刀地点的降水工程施工已按照设计及专项方案要求布设完成，降水实验证明降水参数设置合理并满足施工降水要求，降水实验应出具报告；开仓方案审批完成后，按方案对掌子面加固完成，按要求对作业人员进行健康体检和安全技术交底，按程序完成开仓令的审批。

在不稳定地层更换刀具时，必须采取地层加固或压气法等措施，保证开挖面稳定。应根据换刀预测地点的地层条件选择合适的换刀方法，换刀过程中不能占用城市交通主干道，并尽量减少对地面交通的影响。根据成都地层条件，可采用“降水井＋地层加固”的常压进仓换刀作业方法或利用压缩空气的带压换刀作业方法。当地面环境限制时宜采用带压换刀作业方法，并视实际情况确定是否需要注浆加固。带压进仓更换刀前，必须完成下列准备工作：①对带压进仓作业设备进行全面检查和试运行。②采用两种不同动力装置，保证不间断供气。③由专业技术人员对开挖面稳定状态和刀盘、刀具磨损状况进行检查，确定刀具更换专项方案与安全操作规定。④作业人员应按照刀具更换专项方案和安全操作规定更换刀具。⑤保持开挖面和土仓空气新鲜，保证压缩空气符合呼吸气体要求。⑥作业时间必须严格按照气压条件下作业时间要求限制进行。⑦带压作业过程中，加强各种检测仪表、空压机、气路电路的观测，如发现空压机故障，应立即启动备用空压机；如发现停电，应立即启动内燃空压机；如发现管路漏气，应立即汇报并及时处理，以防意外情况发生。⑧每班作业时，电工应加强用电管理，确保工地施工安全。

# 第5章　总　结

## 5.1　典型风险总结

通过前几章的风险分析，明挖车站典型风险有以下几种：

（1）连续降雨。多起风险事件告诫我们，连续降雨往往叠加其他风险因素而引发安全事故，连续降雨时必须密切关注基坑风险。

（2）富水软土。勘察、设计方应高度重视富水软弱地层，对于大江大河冲击地层，勘察单位不可凭借经验盲目判定岩土参数，设计单位应适当提高围护结构安全储备。

（3）基坑周边老旧雨水管线、污水管线存在渗漏风险。施工人员应注意施工之前的管线摸排和挖探工作。

（4）支撑架设滞后、支撑或围檩背后填充不密实。支撑架设滞后问题在施工现场屡见不鲜，在地质条件较好情况下不会引发重大安全事故，一旦叠加其他风险因素，就可能引发事故。建设方、监理方、设计方应严格落实现场巡检，发现问题及时上报并要求施工方整改。

（5）小基坑疏于管理而坍塌。面对小基坑时不可麻痹大意，设计、施工、监测各方也应高度重视。

（6）悬吊管线下方围护结构支护不足。悬吊管线下方围护结构设计方应高度重视，采用倒挂井壁格栅连接时，须采取有效措施保证格栅与周边围护桩连接牢固。

(7)抢险过程中的次生灾害。

(8)地表超载过大。轨道交通工程设计方一般规定地面超载不超过20 kPa,盾构吊装等特殊作业区会适当增大。但现场临时堆土、堆放建材、构件等情况往往比较随意,可能超出设计允许值。建议施工方高度重视基坑边堆载,当场地面积有限、必须堆载时,应与设计方对接,核实无误后方可堆载。

(9)格构柱设计不合理。设计格构柱时应充分考虑弯曲变形产生的二阶效应。

(10)层层分包。违规分包在轨道交通工程中屡见不鲜,层层分包往往导致各方安全意识淡薄,总承包企业成为"甩手掌柜",现场管理缺失,留下巨大安全隐患,建设方应严加管理。

(11)变更方案研究深度不够。一般城市变更管理办法中,施工方、监理方、勘察方、设计方等皆可提起变更。变更过程中往往会仅考虑局部因素,忽略全局性风险,对方案研究不深、风险考虑不足。尤其设计方,应全面评估变更方案的合理性、安全性,不可一味追求降低工程造价,忽略了安全性。

区间隧道典型风险为:盾构始发、接收风险;掘进过程中盾构涌水涌泥;穿越上软下硬地层引起地表塌陷;穿越既有建(构)筑物引起开裂甚至倒塌;管线实际埋深不准,侵入掘进范围;违规开仓作业;盾构始发反力架安装不牢;刀盘驱动密封失效;盾尾刷被击穿;刀盘与地层不匹配;联络通道冻结法未达冻结要求;下穿砂层工法选择不当;地下水压过大或设计不合理导致隧道仰拱隆起。

盾构法中的风险点分布面广、跨度大、数目多,有时候小风险的叠加便可能导致巨大损失。因此在掘进前,施工方应结合现场施工条件合理预测分析每个工序可能存在的风险点,制定相应的操作标准、管理制度和各项应急预案,在施工中做到有的放矢。

## 5.2 施工管理

经过分析近年来城市轨道交通工程发生的典型风险案例,不按规定组织施工的有之、不按施工方案作业的有之、不遵守劳动纪律的有之、不知道自我保护的有之。一些单位安全培训走过场,作业人员缺乏基本的安全防护意识;个别项目作业现场随意更改施工方案、工艺流程,安全技术交底不落地,监理旁站形同虚设;项目部安全风险辨识不认真,风险隐患排查重点不清楚,安全检查流于形式,不能及时发现和整治施工现场存在的各类安全隐患;个别单位对分包队伍放松监管,以包代管、管而不严,甚至违规分包,加大了城市轨道交通工程作业现场的安全风险。

(1)城市轨道交通工程中的各类风险大都集中在高处作业、起重作业、不良地质、隧道暗挖上,这些都是项目施工的重难点,都是高危作业项目,安全风险较大。相关单位应把管理的精力和重心向这些高风险作业上倾斜,不可放松。但是,一些单位往往忽视附属作业区域的安全隐患和违章行为,现场作业随意性大、管理混乱,为安全生产事故的发生埋下隐患,往往在不应该出事的地方出了事故。

(2)进场安全培训教育缺乏针对性,作业人员安全意识不强,防范能力很弱;管理人员红线意识淡薄,对"三违"行为熟视无睹;部分作业人员缺乏基本的安全生产操作技能和自我防护意识,违章操作、盲目蛮干,而且存在许多侥幸麻痹心理,该防范的没有防范,该采取措施的没有采取措施,这是最大的隐患。

(3)很多风险事件归根到底还是违章作业造成的。专项方案不完善、技术交底不认真、安全措施针对性不强、作业现场违规违章等会导致风险事件发生。近几年,城市轨道交通工程中发生的各类生产安全风险事件大多如此。如严格按规范标准、设计文件和工法要求认真去施工,就可大大降低风险。

(4)项目规模的扩张给相关单位管理带来诸多的问题,项目不断增多,相关各方管理手段、方法、力度都不到位,资源配置不足、安全生产保障体系不健全、安全风险识别和隐患排查整治不到位,作业人员进场安全教育流于形式,现场安全生产管理出现了短板,这也是客观存在的一些问题。

(5)多数施工单位,除盾构和铺架作业外,基本没有自己的骨干作业队伍。有的单位合格的工班长也配不齐,对外部劳务管理不到位,违规分包、以包代管、包而不管、以罚代管的现象比较普遍。现场旁站和监管非常不力,这也是问题多发的重要因素之一。当前,相关单位重点要落实各项规章制度、规范标准、方案措施和安全技术交底,以及风险预控和隐患排查等,解决在一些工程项目上存在的执行不力等问题。近年来,现场安全隐患屡查屡有、屡改屡犯,定期安全生产检查、全员安全责任制的落实和绩效考核方面存在的形式主义、做表面文章等问题还有许多。

保持建设工程项目生产安全形势稳定、可控的关键是：一要健全和完善安全生产管理机制、体制问题；二要保障安全生产保障体系的有效运行。

再严格的规定，执行不力就容易发生偏差；再完善的制度，对下形不成制约，也只是一纸空文。依靠一两次突击检查去彻底解决作业现场安全生产管理工作中存在的问题是不切实际的。城市轨道交通工程建设各方要牢固树立安全发展理念，做到警钟长鸣，常抓不懈；要明晰各方安全责任，认真履职，失职追责，建立有效运行的安全生产保障体系；要加强工程建设全过程安全风险管控，完善风险分级管控和隐患排查治理双重预防机制，提升事故预防和管控能力；要注重管理细节，杜绝两违行为，做到精细化管理、标准化作业，才能真正把城市轨道交通工程建设安全管理工作做好，实现安全生产持续、稳定、可控的总目标。

## 5.3 建 议

(1)提高政治站位：提高抓好安全生产工作的政治自觉性、工作主动性，将安全工作摆上重要议程、作为头等大事，扛起政治责任，守牢安全底线。

(2)以问题为导向，做好安全风险管控与隐患排查整治：一是重点整治源头管理失控、监管责任悬空、安全管理制度不落实等突出问题；二是重点解决在工程项目上存在的规程规范、施组方案和技术交底执行不力、打折扣和不落实等问题。

(3)标本兼治重在治本：牢固树立“红线”意识，把安全工作摆在首位，思想认识上警钟长鸣，制度保证上严密有效，技术支撑上坚强有力，监督检查上严格细致，风险事件问责上严肃认真。建立和完善双重预防机制，推进城市轨道交通工程安全生产长效机制建设。

(4)充分发挥系统功能作用：保障工程建设安全是一个系统工程，关键是体制与机制的保障。进一步强化建设、勘察、设计、施工、监理、第三方监测等单位的安全生产保障体系建设和责任落实。在责任落实方面，制定细化工作任务、列明责任清单，建立健全横向到边、纵向到底的工作责任体系，严格考核，提高工程项目整体安全管控能力和本质安全水平。

(5)压实安全责任：各级职能部门按照“谁主管、谁负责”“谁审批、谁负责”

的原则，依法全面落实安全生产责任。

(6)落实责任主体，制定防范措施：建设各方风险防范与隐患排查的内容、形式和侧重点都是不一样的。应从履行各自的法定职责角度分析各自的安全风险、查找隐患，重点整治源头管理失控、管理制度不落实等突出问题，有效地遏制生产安全风险事件频发势头。建设单位要承担工程质量首要责任；勘察单位负责提供真实可靠的地质资料，分析地质风险，对勘察成果负责；设计单位在设计阶段进行安全风险辨识、分析，制定并优化设计方案与措施，开展安全风险跟踪和设计服务，对设计文件负责；施工单位要切实落实企业主体责任，严守安全生产红线，依法依规开展项目建设施工；监理单位要提高监理能力水平，落实安全生产监理责任；第三方监测单位负责编制监测方案，并开展监测工作。第三方监测单位负责提供真实准确的监测结果，分析安全风险监测数据，发现异常情况及时向建设、监理等单位报告，对监测结果负责。质量安全监管部门要加大行政监管力度，进一步加强对本行业领域安全生产工作的监督管理。

## 5.4 结 语

城市轨道交通工程主要施工方法分为明挖法、盖挖法和暗挖法，其中盖挖法可分为全盖挖法、半盖挖法，暗挖法可分为盾构法、顶管法、矿山法、洞桩法(PBA 法)、拱盖法等。本文仅对城市轨道交通工程最主要的两种工况(明挖法车站和盾构法区间隧道)进行了典型风险源分析，但以北京为代表的城市广泛采用洞桩法施工车站，以青岛、重庆、大连为代表的城市广泛采用拱盖法施工车站。前事不忘，后事之师，后续希望广大业界同仁继续总结研究，为城市轨道交通建设保驾护航。

# 参考文献

[1] 中国城市轨道交通协会. 城市轨道交通 2023 年度统计和分析报告[EB/OL].(2024-03-29)[2024-06-07]. https://mp.weixin.qq.com/s? __biz=MzI3NzMwODY3OQ==&mid=2247595220&idx=2&sn =d62a9af950a9b5f136fc1135f106fb85&chksm=eaf1308727299e5848d50d70505aa1903b711f0dfec5d2fad5734d18d635d88355c38a8150ad&scene=27.

[2]罗凤霞，史海欧，陈玉清，等. 地铁结构安全保护典型事故案例分析[M]. 广州：华南理工大学出版社，2015.

[3]李玉章. 地铁施工事故与预防对策[M]. 厦门：厦门大学出版社，2014.

[4] 竺维彬，鞠世健. 地铁盾构施工风险源及典型事故的研究[M]. 广州：暨南大学出版社，2009.